「小学生智慧训练营」

主编 崔钟雷

让**你的口才**更出众

Rang Ni De KouCai Geng ChuZhong

吉林出版集团 吉林美术出版社 | 全国百佳图书出版单位

前　言

生命之歌如夏花般美丽精彩，人生之旅如星空般深邃璀璨。前进的脚步有了方向，成功的旅程才能早日起航。在追求成功，实现理想的路途上，风雨险阻可能滞缓你的脚步，挫折失败可能使你感到彷徨。当你茫然无助的时候，当你不知所措的时候，当你的人生之舟失去方向的时候，不要害怕，不要惊慌。放慢脚步，放松心情，翻开本书，沉浸其中。思考智慧的教诲，聆听智慧的声音，发现爱的意义，体会生活的真谛。从中寻找未来，为梦想划定航向。

本套丛书精选多篇励志佳作，文字风趣幽默，内涵哲理深刻，通过一个个发人深省的小故事阐述出人生智慧的精华，让作者与你进行一次心灵间的对话。为你补足人生智慧，解答心灵迷惑。

智慧犹如一盏明灯，照亮你的前程；智慧犹如一座路标，指明前进的方向；智慧犹如一双翅膀，伴你翱翔远方。让我们怀揣梦想上路，满怀激情拼搏，人生的山峰等待着你的超越，理想的大门在向你招手，成功的路途就在脚下，未来已经不再遥远。只要坚持，只要努力，抛洒汗水，播种希望，梦想触手可及，未来定将辉煌。

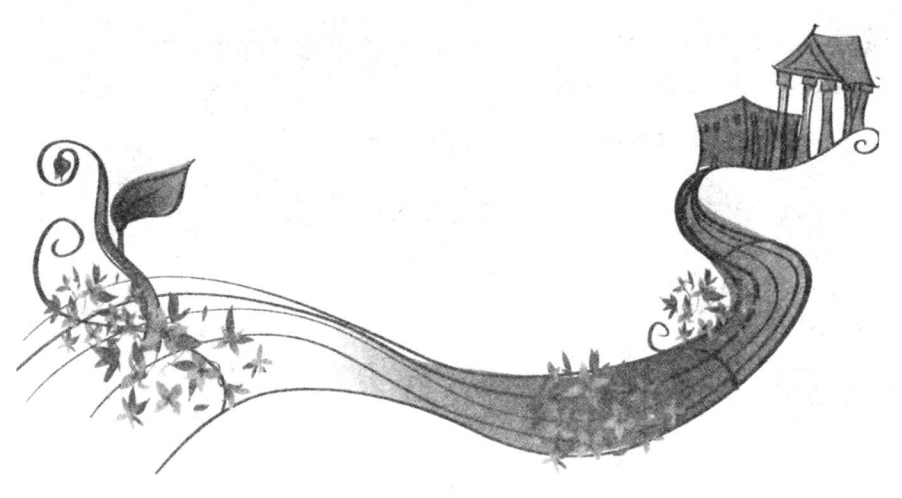

目录 CONTENTS

口才与成功

- 010 高考状元答谢辞
- 012 开卷何必有益
- 015 时下最雷人的话语方式
- 018 屈原量否有其人
- 020 巧设喻,让论辩"四两拨千斤"
- 024 妙趣横生打油诗
- 026 俏皮的顶真
- 028 宁弯不折
- 031 口才与成功
- 034 "不知道"

037	小规模荡气回肠
040	宁静致近
042	给中国历代文人的一封信
046	永不放弃
049	俗俚诗妙手回春
051	自嘲有讲究
053	场下的智慧
057	大度的总统
058	柴克莱巧斥卫兵
060	大师上课的开场白
062	群英战吕布

倒叙生花

066	语不惊人非王朔
069	汉语颠倒意趣
071	"乌鸦嘴"啄"眼中钉"
073	长话短说,演讲也精彩

076	妙诗笑讽错字人
078	何炅：锦心绣口，妙语笑言
080	天哪！又是"创意"
084	"胡说"白话文
086	多说了半句废话
090	鉴宝台上的口才秀
092	于有声处听惊雷
094	倒叙生花
098	现在流行"控"
101	我为什么说我不是读书人
105	穷寇宜追
108	百搭和混搭
110	论辩也借"东风"
113	射人先射马：论辩获胜的法宝
115	网络推手炒作秘籍
118	卓行奇语再录
120	英雄造时势

知无不言，言不必尽

124	艺术没有归宿
128	他山之石，不可攻玉
130	水的智慧
133	作家妙答"刁"问
137	拍一拍身上的土
140	丑话说在后头
143	不要把说理当成诡辩
147	知无不言，言不必尽
149	汪涵脱口秀节目主持的"台柱"
153	清代对联讽刺科考作弊
156	站着说话不腰疼
158	知音
161	冯巩——"八面玲珑"的笑星

165	给莎士比亚先生的一封信
169	筷人筷语
173	马未都的还价原则
176	了不起的手表

幽默也是一种实力

180	骂人的艺术
184	慢马加鞭
187	一个人的"电影传奇"
191	读书"无用论"
194	徐帆：我用妙语震撼你
198	那些语言无法表达的存在
202	毕加索的幽默
204	我们要什么样的现代化？
209	把喜马拉雅山炸开一道口子
212	辩护律师
217	塞车的好处何其多

220	生命在于静止
222	幽默也是一种实力
226	羽坛一哥"超级丹"的幽默
229	意大利面，法国菜
231	忠言顺耳利于行
233	中国俗语的理工科解释
236	孙红雷：幽默"潜伏"在严肃的外表下

口才与成功

看别的书也一样，仍要自己思索，自己观察。倘只看书，便变成书橱，即便自己觉得有趣，而那趣味其实是已在逐渐硬化，逐渐死去了。

——鲁迅

高考状元答谢辞

罗四胜

今年高考，我以理科670分的成绩荣获全市第一名，此时此刻我的心情无比激动，对各位光临本人的状元宴表示由衷的感谢。

首先，我要感谢我的父母。在"望女成凤"思想的左右下，在"不能让孩子输在起跑线上"理念的指导下，我的母亲在怀上我的时候便开始了夜以继日的英语听力训练，以便能通过胎教培养我的英语语感；从幼儿园起就拼命往兴趣班送，不惜千金一掷"辗转腾挪"在好几个辅导班之间。虽然扼杀了童趣，但却换来了"知识容器"的美誉，值得！

其次，我要感谢我的老师。在"举素质教育之旗，走应试教育之路"思想的支配下，引领我经过千灾百难的考场磨练，

千回百折的题海大战,千辛万苦的昼夜交替,终于让我抓住了这个千载难逢的良机,在千军万马的学生中夺取了状元之位。虽然湮灭了个性,湮灭了创新,但提高了分数,夺取了"考试机器"的称号,值得!

第三,我要感谢盗版书商。是他们想教师之所想,急学生之所急,先家长之忧而忧,出版了大量的廉价的"模拟试卷"、"卷王考典"等高考必备资料,这才让我们这些穷家小户的学生能够每学期做几十套资料而少花数百元钱。虽然我们的"努力"让书商变成了富翁,但正是他们让我们心无旁骛,一心只读"圣贤书",成为了"考试霸王",出现了"双赢"的局面,值得!

最后,我要感谢制定考试评价制度的官员们。"分数面前人人平等"的录取原则为我这个只会考试的人荣获状元奠定了深厚的基础,重记忆、轻能力的高考题目给我这个只会听教师话的学生提供了飞翔的空间,学校的"火箭班"、"重点班"为我的可持续发展创造了条件。顺便感谢眼镜销售公司,"眼镜一度,高考一分"这个口号提得太好了,我戴670度的眼镜,考了670分,真灵!

现在的教育方式培养了一批又一批的高分"人才",淘汰了一批又一批高能"无用者",牺牲童真、泯灭个性、千篇一律的教育方式以牺牲童年、泯灭才能、扼杀创造性的方式教育着祖国的未来和希望……

要是没有能独立思考和有创造能力的人，社会的向上发展就不可想象。

——爱因斯坦

开卷何必有益

易中天

"开卷有益"是一句老话。正因为是老话，因此可疑。

开卷为什么就一定有益呢？其逻辑前提大约无非认为书是个好东西。既然是好东西，接触一下总归有好处。这其实同样似是而非。但凡是好东西，就一定要接触，或接触了就一定有好处吗？人参倒是好东西，也有吃了坏事的吧？何况书非人参。人参好歹是补品，书却未必，没准是泻药。世上有好书也有坏书，有读了让人长见识的，有读了让人犯糊涂的，还有读了让人干坏事的，并非一定就是好东西，怎么能说一开卷就有益？

就算是读好书吧，请问又有哪些益处？想当然，无非益智、励志、增长知识、提高修养，也就是起到知识教育、道德教育和审美教育的作用。我不否认读书有这样的作用。问题是，读书的作用仅此而已，我们也未必一定要读书。比方说，还可以上网，甚至就连打麻将也能益智健脑，要不怎么说麻将是"平面太极拳"？苟如此，则"开卷有益"和"搓麻有益"又有什么两样？至于最为道德家们所看重的"励志"功能，也同样经不起推敲，读书人的"志"或许要靠读书来"养"，其他人就未必，比如刘邦项羽就不是，"刘项原来不读书"么！梁斌的小说有副对联云："与有肝胆人共事，于无字句处读书。"这是何等志向？

却与读书无关。实际上，"人各有志"，哪能都靠读书来"励"？更何况，一个人的"志"如果还要靠读书之类的办法来"励"，那这个"志"本身就十分可疑。

再说了，读书就一定励志吗？怕也难讲。周国平先生有云，"玩物也可养志"。同样，读书没准也会丧志。世界上有激励意志的书，也有消磨意志的书。消磨意志的方法也很多：有不动声色的（比如让你"玩物丧志"），也有当头棒喝的（比如大讲"人生无常"），弄不好就给你来个"万念俱灰"。

开卷既然并非一定有益（甚至可能有害），为什么还要说"开卷有益"，而且很少有人怀疑呢？无非也就是为了给读书一个说法、一条理由罢了。但在我看来，读书可以有一千条理由，唯独不能用"有益"做理由。一个人如果事先存了功利的目的，那书是一定读不好，甚至读不成的。道理也很简单：如果仅仅因为有益才读书，那么，倘若无益呢？就不读了？

爱，是不能强迫的，也是无法泯灭的。因此，爱，才是读书唯一"正当"而"牢靠"的理由。既然如此，开卷又何必有益、何需有益？还不如说"开卷有趣"呢！

所谓爱好是人闲暇之余自娱自乐的东西，陶冶情操，放松心情，以

得到心灵的审美享受，世上使人感官享乐的东西很多，但能使人心灵享乐的只有自己的爱好，因此，请不要将爱好冠上冠冕堂皇的理由强制他人接受，只有无功利目地的享受才是爱好的理由。

20世纪30年代，临床异体器官的移植刚刚开始。1954年在美国进行的世界上第一例同卵双胞胎间的肾移植手术的成功开辟了器官移植的新时代。

> 辩者，求服人心也，非屈人口也。
>
> ——王充

时下最雷人的话语方式

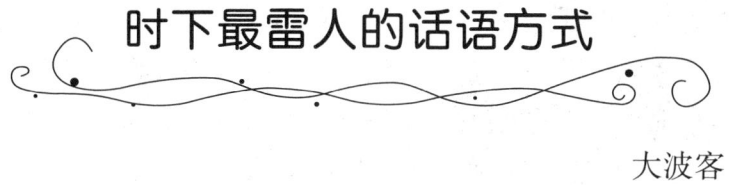

大波客

知音体、于丹腔、山寨版、专家说，号称时下最雷人的四大话语方式。这虽然称不上霸权，但冷不丁地，你的视听总会惨遭晴天霹雳般的一记左勾拳。

知音体。一种写法，准确地讲是标题写法，但凡叫做"知音体"的，是指初中文化水平的人一看就绝对会被粘住的一种书写格式，比如说"十年感情，不敌初恋情人生日聚会上的一杯酒"。其实，我觉得这只是说了一件事，表达还不够惊心动魄，还不够撕心裂肺。以下是热爱"知音体"的"标题党"们创作的一些标题：

《亮剑》可以表述为《烽火连天的岁月，热血英雄为两个女人泪洒战场》；《金婚》可以说成《风雨走过五十年，婚姻之外他还为谁心乱如麻》；而《落草为寇的苍白人生，谁填补他们的感情空虚》说的是《水浒传》；《十万八千里磨难旅程，她们的漫天痴情换不来他回眸一笑》说的是《西游记》；《苦命的妹妹啊，七个义薄云天的哥哥为你撑起小小的一片天》说的是《白雪公主》；同理，《丑小鸭》则可以表述为《貌丑心善受尽难言屈辱，她终于站在了美丽之巅》。

以上虽然是夸张的演绎，但仍要向《知音》编辑部全体员工致敬，而且，那是必须的。因为他们创造出一种街知巷闻的话语方式。

于丹腔。我觉得于老师挺累的，她总能把一些简单而庸俗的词汇非

常惊艳地使用出来。这不但要求你对经典辞章正背和倒背均保持在出口成章的水平上,而且要善于突破常规,把呆板的方块字来一次触及灵魂的排列组合。

最近老听她讲一句话:"音乐其实是一种唤醒,直接把我振奋了。"顺便回想起她曾让我们以45度仰角去"体察"的几句名言:

"所谓体验就是'以身体之,以血验之',那是一种非常深刻的浸润";"深情,是一种由衷的情怀";"幸福快乐只是一种感觉,与贫富无关,同内心相连";"孔夫子的态度非常平和,而他的内心却十分庄严";"你用不值得的仁厚去面对已经有负于你的人和事,这也是一种人生浪费";"这是多高的骄傲啊!"

有时候,我会忽然觉得于老师有汪国真般的想象和表达,对生命哲理进行了一次梳理和整编,然后以通俗化的话语按摩我们的心灵,但可惜的是,于丹腔仅限于动听、动人的声色罢了。

山寨版。我曾对山寨文化由衷地欣赏并寄予美好的愿望。真不好意思,我忽略了一时快感后的失落,把污染精神的垃圾当做掌中宝,这种情绪姑且称之为:盲目。

今天你"山寨"了没有?其实,我受不了山寨版的山寨:盲目地模仿和恶搞,或者把一丝相像均归置于经典的庸俗翻版。你抄袭论文算不算山寨?我说最有号召力的山寨是邓丽君你干不干?

专家说。我一直没太搞清楚"专家"的准确定义,但专家越来越多倒是个不得不承认的生活现实。我们对专家应该是很尊重的,可实践证明,专家的"妙谈高论"有时更像在信口雌黄。专家说,如果不是每顿饭都来二两三聚氰胺（àn），肯定死不了人的——你是调查过呢，还是亲身体验过？群众的眼睛是雪亮的，但专家对此经常视而不见。所以，"专家说"越来越多地被当成一种文体了。

虽说以上四种文体经常到处雷人，但作为一个玩文字的人，我貌似强大，内心也的确经折腾，所以——当然就不怕不怕啦。

时代的变迁、社会的进步表现在语言上就是出现了各种新奇的话语方式，这些新语言的出现，颠覆了传统的话语方式，有的看似幽默，也很耐人寻味，但也有一些是需要我们加以辨别的，不能盲目地吹捧。

早在16世纪末，意大利思想家布鲁诺就推测恒星都是遥远的太阳，并提出了关于恒星世界结构的猜想。

悟处皆出于思，不思无由得悟；思处皆缘于学，不学则无可思。学者所以求悟也，悟者思而得通也。

——陆世仪

屈原是否有其人

张伦笃

屈原是否真有其人，是当代学者群中一个敏感的话题。

1991年，在贵州的一个民族文化讨论会上，几位日本学者又向中国与会者提出了这个问题。

"你们认为屈原真有其人吗？"他们带着几分轻蔑发难道。

"回答这个问题前，我想请诸位认定，《离骚》、《九歌》和《九章》是不是人类的宝贵文化遗产。"一位中国学者应声而起。

"这个问题不用问，肯定是。"

"这种文化遗产能否由机器人捉笔，或出自外星人之手，甚至由躁狂精神病患者即兴写成呢？"

"都不可能。"

"是否可能由两位以上的诗人分别创作出来呢？"

"也不可能。应该是一个人的手笔。"

"这么说来，诸位已经回答了自己提出来的问题——诗人屈原确有其人。他姓不姓'屈'无关紧要，姓'张'，姓'李'，姓'赵'都可以；他的'名'、'字'是'原'是'平'同样也不打紧；除《史记·屈原列传》外的史籍上还有没有他当'左徒'、'囚徒'的记录，也不是问题的根本。可以肯定的是：第一，他不是阿伊努人（日本最早的原始居民），而是一位生活在中国战国时期楚国的诗人。第二，这位诗人为'地球村'留下了诸位不能、也不敢否定的伟大诗篇。这些诗篇的价值，肯定超过了贵国家喻户晓的《源氏物语》。我可以先退让一步说，同意你们中的某些人，提出的怀疑没有屈原其人的观点，但中国人有句老话，'皮之不存，毛将焉附'。请问，没有一位伟大的诗人，能写出这些至今还令人类为之自豪的诗篇吗？这位必然存在过的伟大诗人，便是一些学者至今还在怀疑是否真有其人的'屈原'。"

这位中国学者心平气和地说完了上面的话。会场里顿时寂静下来，寂静中有人满怀着自信，也有人面露尴尬。

经典即使在沉静中慢慢绽放，也能吸引所有的目光，那份震撼会直达心灵深处，即使日月交替、时空变迁，经典的魅力也不会消减，它的清香能穿越时空，折服所有世人。

口中从来不说恶语,眼中从来不现怒火的人,就是幸福的人。

——裴斯泰洛奇

巧设喻,让论辩"四两拨千斤"

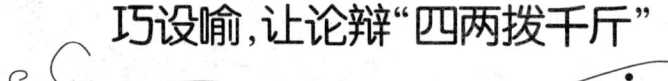

瞿泽仁

在古代,一次有人对梁王说:"惠子总是用比喻说话,不打比喻,他就没有办法说话了。"后来梁王一见惠子,就要求他"有话直说,别再打比喻"。惠子说:"好吧。现在有个人不知道'弹'是什么,他问别人:'弹'的形状像什么?别人告诉他:'弹'的形状就像弹。这样说,他能明白吗?"梁王傻眼了。惠子说:"如果他换一种方式,弹就像一把弓,而弦子则是由竹子做的。这不就明白了吗?"梁王于是恍悟:"有时候,不用比喻还真没法说话呢!"

惠子讲的是比喻在说明中的作用,但对于论辩也同样重要。当你为他人的诘难感到无从说起时,如果选择一个贴切的比喻,便有可能"翻盘",使自己由劣势转化为优势。

以物喻理

魏明明、王文洁对老师提出的作文限制字数的问题有不同的看法，他们站在不同的角度展开了论辩：

魏明明：为什么要限制字数，人家有话要说，既然材料丰富，就得说个痛快，写多点儿有什么不可以？

王文洁：你知道香精吗？它由许多花浓缩出来，只需要那么一滴，就奇香无比了；可牛粪呢，再多也不会发出香味，只能做牧民的燃料。你说到底多好还是少好？

王文洁在辩驳时用了"香精"和"牛粪"的比喻，并将二者作了对比，鲜明而浅近地表明了自己赞同作文"短小精悍"的观点，既形象又贴切，显示出"以物喻理"的妙处，从而成功地捍卫了自己的观点。

以少喻多

在论辩中，面对责难，除了表明自身态度和观点外，有时还需要对自己的看法进行必要的巩固和维护。这时，如果能找到恰当的喻体，也可以对自己的辩驳起到大的帮助。

王芳借给张学民一本《庄子心得》，三天便催促张学民还书，张学民解释自己一天只能看一两小节，要求宽限数日，两人为此争辩起来：

王芳：谁像你那样看书，如今是知识爆炸时代，你这样慢吞吞地读书，跟老牛拉破车差不多，怎么能吸收到更多的知识和信息呢？

张学民：知识爆炸不等于所有知识都需要接收啊！你那种一目十行、囫囵吞枣的读书方式并不可取。这就好比喝酸奶，如果你一次只喝一杯，并且慢慢地品味，那滋味可真是美极了；可是如果你想在一个晚上把整

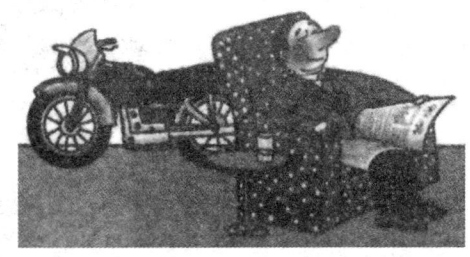

箱酸奶一饮而尽,那说不定还会闹肚子。我的读书方式就是"一次只斟一口,最好不超过一杯",这样才能体悟到书中丰富的人生哲理,体验到更多的滋味。难道这样做不好吗?

张学民将"狂饮"与"细酌"相对比,这以少喻多的对比,既点出了"读书不可忽视小节"的妙处,又给人一种"四两拨千斤"的机敏之感。

以易喻难

在论辩中,有时论辩的话题比较抽象,这时候如果找一个浅近的、形象化的喻体去反驳,就比较容易取得"四两拨千斤"的反驳效果,而且也更容易为人接受。

李剑的作文总胡编乱造,老师批评他,让他从生活中寻找素材,李

剑不服，师生便有了如下论辩：

李剑：生活中有什么素材？我还真两眼抹黑呢！要从生活中找，倒不如从网络中找更简便些……

老师：你知道老鹰怎样抓小鸡吗？老鹰并不是误打误撞，而是先在天空盘旋，观察地面的情形，瞅准了才俯冲下去。写作文也一样，需要平时多留意身边的人和事，看准了目标就抓住不放，深入观察了解，才能写出生动具体的作文来。你说是不是这样？

为什么要从生活中寻找写作素材，这并不容易讲述透彻，老师则巧妙地借用了"老鹰如何抓小鸡"这一比喻，把复杂问题阐述清楚了，从而李剑接受了老师的意见。

总之，当论敌向你进攻的时候，不必慌张，应沉着应对，根据特定的论辩语境巧妙设喻，定能让你的论辩"四两拨千斤"。

比喻在交际中起着十分重要的作用，是一种十分有效的语言技巧，恰当的比喻能化腐朽为神奇，巧妙的化解言语中的危机，反驳他人的讥讽和责难，帮助自己坚定地维护观点和立场。

首先要善良，其次要诚实，第三永远不要彼此遗忘。
——陀思妥耶夫斯基

妙趣横生打油诗

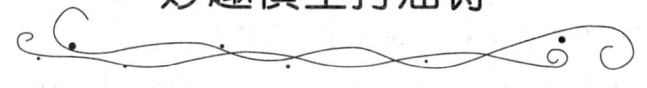

王细红

在中国的诗歌中，有一类诗歌可谓不登大雅之堂，他们通俗、诙谐、不拘一格，我们常将这一类旧体诗叫做"打油诗"。

从前，有个考生，写了半天，文章还没写成，忽然灵机一动，在考卷上写了四句打油诗：

未曾提笔泪涟涟，苦读寒窗十几年。

考官要不把我取，回家一命染黄泉。

主考官批阅试卷时，看到这首打油诗，觉得好笑。于是提起朱笔，在他每句诗后面分别写了"不必"、"未必"、"势必"和"何必"8个字。这样，整首诗就成了：

未曾提笔泪涟涟——不必，
苦读寒窗十几年——未必。
考官要不把我取——势必，
回家一命染黄泉——何必。

有的诗人按前人有影响的诗篇的骨架，改动部分诗句，形式也是打油诗，同样妙趣横生。

1927年，国共合作，共同进击北洋军阀。特别是共产党员叶挺将军领导的独立团，在汀泗桥、贺胜桥战役中，打得北洋军阀丢盔弃甲。大军阀吴佩孚只身坐火车逃往洛阳，他在行前声言，今后不问军事、政治，将以饮酒、看花终志。谢觉哉闻之，乃仿王昌龄诗写道：

青天白日竟倒吴，炮声送客火车孤。
洛阳亲友如相问，一片雄心在酒壶。

讽刺可谓入木三分。

著名爱国将领冯玉祥，行军时不准士兵砍伐林木，驻扎操练时也注意植树造林。他屯兵徐州时，写了一首护林诗：

老冯驻徐州，大树绿油油。
谁砍我的树，我砍谁的头！

真可谓既通俗易懂，又妙趣横生。

言语的机巧与诙谐总是那样妙趣横生，通俗的诗句在其不拘一格中展现自己独特的魅力，被众人接受并喜爱，或许没有诗句的字字珠玑，但它的信手拈来更加亲切坦率。

要开化人的知识，感动人的思想，非演讲不可。

——秋瑾

俏皮的顶真

谭汝为

韩乔生在某次解说中创造了"迅雷不及掩耳盗铃之势"，将中国汉语的结构作了一次不小的颠覆。之后他又将这一语言特点继续发展，让汉语向一个真正不靠谱的方向发展，每句话都让你感觉停在一个十字路口上，"不知所措手不及"。

而王朔在一次接受采访时说："北京人有个习惯，说话喜欢简略，一个成语四个字，非吃掉一个字。如，你今天看上去容光焕，就不说那个'发'字，憋死你。"

要是王朔撞上韩乔生，会是什么样子呢？

韩：您最近真是来者不善罢甘休，一路刀砍斧劈头盖脸，像赵子龙七进七出污泥而不染。

王：这算什么呀，哥们儿不过是小试牛，我要是拿出真本事，他们还不全军覆没。

韩：有人说你疯了，还说你病得不轻于鸿毛。

王：我装疯卖就可以把他们搞定，到底是谁病入膏了？

韩：可是大家对您颇有微词不达意。

王：我是流氓我怕谁，我不学无，我醉生梦，我无可救，我胡言乱。

韩：可是有人说你炒作，说你绑架媒体无完肤。

王：我就炒作了，我就是让他们看看什么叫货真价的炒作，我明修栈，暗度陈，声东击，得陇望，兵不厌，瞒天过，你瞧瞧他们的炒作，故弄玄，低三下，黔（qián）驴技，卑鄙无……

韩：那您真是炒作专家长里短。

王：我这刚略施小，他们就一塌糊了。所以他们嫉贤妒，对我恶语相。

韩：木秀于林志玲，风必摧芝华士，众口铄（shuò）金喜善，积毁销骨肉皮，枪打出头鸟儿问答。

王：他们就是想看我丑态百，那我就顺水推，你看他们开始如坐针，忍无可，自卫还了吧。

韩：这叫置之死地而后快乐大本营。

王：我就讨厌这帮人动不动就同仇敌，千军万我都见过了，还怕他们这帮乌合之。

韩：那是，您所向披靡靡之音。

王：其实我慈眉善，心地善，助人为，行侠仗，我全占了。

在交际中言语的幽默俏皮是一种无往不胜的手段，面对刁难时的幽默俏皮可以彰显自己的风度，巧妙地化解尴尬。但是，对语言的滥用和自以为幽默的更改，只会对语言的发展起到负面的影响，惹人厌烦。

要是你想达到你的目的,最好用温和的态度与人家讲话。
——莎士比亚

宁弯不折

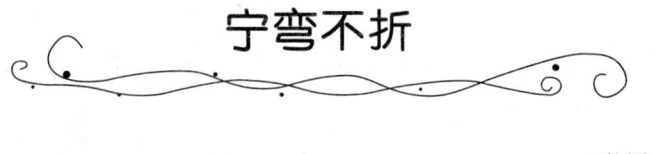

邓景威

面对危难,你选择宁折不弯,抑或宁弯不折?

公元前202年,西楚霸王项羽兵败垓下,面对汉军70万联军,喊出一句:"天欲亡我。"他选择了宁折不弯,自刎乌江。后人空留感叹:"江东子弟多才俊,卷土重来未可知。"

而公元前494年,越王勾践身为亡国之君,选择了屈膝投降。他沦为吴王夫差的仆人,为夫差照看马厩(jiù)。他和妻子每天铡草喂

马,清理马粪。夫差出游,他为夫差牵马;夫差生病,他尝其粪便辨别病情。20年的含羞忍耻,卧薪尝胆,让勾践终于东山再起,一雪前耻。

项羽虽为"人杰",亦为"鬼雄",但终究比不上能屈能伸的勾践。正所谓:"君子报仇,十年未晚。"遇难一死,至多落个"宁折不弯"的美名;而勾践之辈,不但兼而有之,且可雪辱己耻,报亡国仇。

人活世上,靠的是呼吸。吸者,争一口气也;呼者,出一口气也。要争一口气,必须忍辱负重;要出一口气,更要宁弯不折!

公元1600年2月17日,罗马百花广场。学者布鲁诺因坚持捍卫真理——哥白尼的日心学说,被罗马教会视为异端,活活烧死。

另一位哥白尼学说的支持者伽利略,面对教会的压迫,作了两次放弃哥白尼学说的声明,私下却偷偷地继续从事研究,甚至以《关于两种世界体系的对话》一书隐晦地宣传哥白尼学说。伽利略以退为进,既可继续宣扬真理,又可保全自己,岂非处世之大智慧?

弹簧先压缩是为了弹得更高;暂时的撤退、隐忍是为了最终的胜利。留得青山在,哪怕没柴烧?

司马迁惨遭宫刑,他固可一死以明志,但又哪得巨著《史记》传世?他选择了"隐忍苟活,幽于粪土之中";韩信面对市井混混的挑衅,他亦可"拔剑而起,挺身而斗",但他选择了暂受胯下之辱,终成一代名将。

人生在世,失败和挫折是难以避免的。让我们回到开头的问题。你是选择宁折不弯,舍生取义,虚名百世流芳;还是选择宁弯不折,报仇雪恨,终展一腔抱负?

苏轼对韩信有一段精彩的评价,它告诉你真正"大勇者"的选择:"古之豪杰志士者,必有过人之节,人情所不能忍者。匹夫见辱,拔剑而起,挺身而斗,此不足为勇者也。天下有大勇者,卒然临之而不惊,无故加之而不怒,此其所挟者或甚大,而其志甚远矣。"

败军之中,宁折不弯,舍生取义是一种气节,让人敬佩。但是,不过是成匹夫之勇,真正的强者能忍常人所不能忍,军临城下亦不变色,唯有能忍一时之屈,积蓄力量者方能铸天下霸业。

宇宙岛又称"恒星宇宙"或"恒星岛",这些都是人类对恒星分布的形象比喻。据考证,宇宙岛一词最初出现在德国博物学家洪堡的著作(《宇宙:物质世界概要》第三卷,1850年)中。

巧诈不如拙诚。

——《韩非子》

口才与成功

邵守义

什么是口才？人们经常说，某某人有口才，某某人没有口才。那么，到底什么是口才呢？一言以蔽之，口语表达能力有了相当高的技巧和艺术水平的时候，我们说，这就是有口才。有的人一说话，脸红脖子粗，说了一句没有话了，说了四五句吭哧了老半天。我们说，这样的人就是没有口才。

那么，口才到底有什么意义、价值和作用？我们从古代说，"烛之武退秦师"，在座的朋友们恐怕都听说过。当时，秦晋大军围攻郑国，郑国的文臣武将一筹莫展，武将不敢出征，文臣没有办法，最后郑国国君不得不让老将烛之武亲自出马，去秦国一趟。烛之武受命于危难之

间,到秦国,进见了秦国国君。他动之以情,晓之以理,情真意切,痛陈唇亡齿寒的利和弊,最后终于说服了秦国国君。秦国立即撤兵不再攻打郑国了,而且还留下两员大将,协助郑国来抵御晋军。晋国一看无可奈何,也只好撤兵。这是什么威力?语言的威力。因此,刘勰在《文心雕龙》里说道:"一人之辩重于九鼎之宝,三寸之舌强于百万之师。"不是吗?我看,是的。一个烛之武就把秦国的军队劝退了,胜利了,成功了。

什么是成功?这也很简单,就是一个人经过努力,达到了预期的目的和效果,我们说,这个人成功了。那么,口才和成功到底有什么关系呢?我们可以这样说,在一些行业、一些领域里面,一些成功的人不见得有口才;但是,好口才能助你成功,它能加快你成功的速度,它能极大地提高你成功的几率,有时,在非常关键的时刻,它甚至能起决定性的作用。

有这么两个小车司机,单位精减,只能留一个司机,于是便竞争上岗。第一个司机发言,大概讲了十来分钟,说我将来要开车,一定把车收拾得非常干净利索,遵守交通规则,而且要保证领导的安全,一定要做到省油,什么什么的。第二个司机,三分钟都没说到,结束了。他说,我过去遵守三条原则,现在我也遵守三条原则,如果今后用我,我还遵守三条原则:第一,"听得,说不得";第二,"吃得,喝不得";第三,"开得,使不得"。领导

一听，好！这个司机好！好在什么地方？"听得，说不得"，意思说，领导坐在车上研究一些工作，往往在没公开之前都是得保密的，我只能听，我不能说，说不得，不能泄密。"吃得，喝不得"，经常陪领导到这儿开会，到那儿参加这个，参加那个，最后总得吃饭吧？好，我也得吃，但是千万不能喝酒，这叫保障领导的生命安全。第一保密，第二保障领导的生命安全，第三，"开得""使不得。"你别看我开车，但是即使领导不用的时候，我也决不会为自己的利益私自用车，公私分明。这个司机，谁不用？这不是口才吗？是口才使第二个司机获得了成功。第一个司机因为口才不行，落选了。

同学们，在整个人类的活动当中，不管是大大小小的事情，有了口才就会助你成功。某某人没有口才，他也成功了，有没有呢？有，我就不举名人的例子了。但是，我有时候想，没有口才，成功了，总是遗憾的事情。一个成功者，你要有了口才，你就能把科学文化知识和高超的技艺讲给广大听众，这样贡献不是更大吗？一个成功者没有口才是遗憾的事情。因此，我们才希望大家有口才，最后助你取得更大的成功。

成功的路上，好的口才就像一双优质的远足鞋，它能帮助你充分地发挥自己的力量，在成功的征程中走得更顺利、更轻松。辛苦的过程需要表达出来得到他人的认可，所以，口才的好坏有时也能决定成败。

不隐瞒，不欺骗，不将自己的想法藏在心里、不算计他人，绝对有助于朋友、家人和自己之间的了解。

——三毛

"不知道"

吴有智

如果有人问你某个问题，而你一时又不知道该如何回答，你是否以"不知道"了之，或者在"不知道"后加上"对不起"，仅此而已？但是，生硬地回答"不知道"，往往会给对方带来不快。其实，如果我们能够学一点幽默技巧来替代一下，或许就能收到意想不到的效果。

借力发力

有一次，我和一位同学观看校文艺演出。当时，我看那个女报幕员有点面熟，便问同学："你知道那个女报幕员是哪个系的吗？"同学迟疑了一下，答道："报幕系。"

哪来的报幕系？显然，同学也不知道，但他的回答引得我和周围的人都笑了起来。同学从我的问句中寻找出某些字眼来回答我，起到了幽默的效果。

倒打一耙

中央电视台首次举办幼儿技能大赛时,女主持人问男主持人冯巩:"你知道三个月大的婴儿吃什么最好?"冯巩瞪大眼睛,满脸怀疑地答:"该不会是馍馍头吧?"当然不是馍馍头,但这一回答却使他顺利地摆脱了尴尬,并给观众留下了深刻的印象。

当别人问到你也不知道答案的问题时,可用反问句回答他,表示对自己答案的怀疑,并要求对方对自己的答案作出评判。当然这个答案要明显错误,甚至有些荒唐,以达到幽默的目的。

似是而非

法国总统密特朗为求连任总统与前总理希拉克展开激烈的竞选。在电视辩论中,密特朗左一句右一句地称对方为"总理阁下",以给电视机前的选民一个这样的印象:对方只不过是自己手下的一名总理。这位法国前总理显然被气恼了,大声叫道:"密特朗先生,我提醒你,这里是竞选,并没有总统与总理之分,你知道吗?"这个时候,密特朗是绝

对不能只回答"知道"或"不知道"的,那到底该怎么回答呢?只见密特朗微微一笑,答道:"我知道了,总理阁下。"

前半句说"知道了",而后半句又说了"总理阁下",其实他还是"不知道"。密特朗的妙语给选民留下了深刻的印象,他得以成功连任总统,除政治实力外,大概也与幽默不无关系吧。

随机应变

美国著名法律教授席格尔,有一次在讲授法庭程序时说:"当你在为一个案例辩护时,如果掌握了对你有利的事实,就抓住这些事实去打击对方。如果掌握了对你有利的法律,那就抓住法律去打击对方。"这时一个学生突然提问:"如果你既没掌握对自己有利的事实,也没掌握这样的法律呢?"席格尔"草率"地说:"在那种情况下,你就打桌子吧!"

这是一句急智之言。实际上席格尔是建议他的学生:当你遇到急迫而又棘手的问题时,就像他那样随机应变,使自己立于不败之地。

幽默是一种乐观的态度,是在困境中无往不利的有效手段,是智慧的变相表达。幽默,机智不乏诙谐,畅快而不失优雅,巧妙幽默的语言可以让别人更加尊重你,在交往中使自己立于不败之地。

率真是最有益于人的学问。

——胡适

小规模荡气回肠

黄集伟

幸福地阵亡

这个短语是作家猛小蛇说的。他原话的语境是对"疯狂购物"行为的一个漫长的带有自嘲倾向的形容,把简单的事情说得不简单,说得富于新意,是汉语发展的重要责任。

猛小蛇说:"千元大钞瞬间在商场小姐的微笑中幸福地阵亡。"

我的钱正在来我家的路上

这是作家巫昂的一句妙语……她说得太好了。虽然这个句子的主语是

"我",可当我利用很多传播手段不断推销这句欢乐妙语后,它的主语变成了"你"和"你们","他"和"他们":你的钱正在来你家的路上、你们的钱正在来你们家的路上、他的钱正在来他家的路上、他们的钱正在来他们家的路上……欧耶!

我觉得我活得像一句废话

上面这句话是一个网友凶巴巴地"喷"出来的。从语文的角度看,句子中的比喻句反常规,而是反着来,用抽象的"废话"比喻喜怒哀乐爱恨情仇一应俱全具象到家的"我",好比钱钟书在《围城》里说:"唐晓芙的眼睛大而有神,反衬得有些美女的眼睛大得像政治家的空话。"

废话不如空话,空话毕竟还有些许乌托邦的倒影;同样,废话也不如瞎话,如果是,毕竟还有一点自欺欺人、画饼充饥的慰藉……它甚至不如真实含义中的"waste paper"(废纸),而是一种活生生的无能、活生生的被抛状态。

被抛状态就是"我在且不得不在",乃至"我在且不得不能在"……缠绕到最后,海德格尔说:"无家可归是在世的基本方式。

生下来就跑了

中国田联要求:刘翔和王军霞生个孩子,看能跑多快。9个月后,王军霞生产。刘翔问护士:"是男孩还是女孩?"护士惊慌地说:"没看清!生下来就跑了!"

这则笑话出自很流行的一则短信,它采用"实名制"虚构修辞,拿体坛两位红人开玩笑,不红不黑不黄不白,精妙传神,生机盎然。

截至目前,我没看见笑话中的两位红人为此寻死觅活打官司,这很好。

当名人,被各种各样的"实名制"玩笑开涮,是买一赠一的副产品,照单全收,是常识,也是聪明……加10分。

我就是那个不添香只添乱的红袖

语出电视人小宋随手发出的一则短信，属于那种张口就来的戏言，意味纷繁，意趣纷繁，混成一体，很难拆分。

我试着将此语中的"我"去掉。我发现去掉主语后，本句中心词"红袖"前的定语"不添香只添乱"6个汉字雕刻出的，刚好就是当下诸多美女、才女们的行事风格：聪明啊，真聪明；精明啊，真精明……相比而言，当今的男人们老的小的都算上，常常傻很多，笨很多。

就语文而言，本语采用了"旧瓶装新酒"的修辞法。冰上1/3的"新酒"意思明明白白，冰下的1/3"旧瓶"也清清爽爽，而剩下的1/3则是旧瓶、新酒混合、拼贴带出的新意思、新感觉——原本的"添香红袖"哪会如此话痨、如此多嘴、如此古怪精灵？可到了今天，不添香只添乱的那些红袖又有哪个不"红"不"袖"？

今天吃得非常凑合

这是网友小精子一篇博文的标题。这个标题句用矛盾修辞法制作而成，可不事声张，悄悄地。在"非常"与"凑合"貌似自然和谐的连缀里，我看见它更辽阔的所指。谁要说自己活得"非常凑合"，我会非常嫉妒。

语言是散落世间的精灵，是上天的无意遗失，给世界带来了无尽的欢乐，他们优美灵动，总是不甘于寂寞，随意组合游玩。现代语言有些叠加的搭配看似矛盾，实则蕴含了更丰富的意蕴，有些看似纷杂，实则更为精练传神。

要理解智慧,本身须得有智慧;如果听众是聋子,音乐就等于零。

——李普曼

宁静致近

平谷小李

诸葛亮在《诫子书》中写道:非淡泊无以明志,非宁静无以致远。然纵观古今,以淡泊明志者比比皆是,以宁静致远者却寥寥无几。就连孔明本人,亦非安于宁静之人。

方其躬耕垄亩之时,广交天下名士,自比管仲乐毅,身居陋室、胸怀天下,内心并不宁静;待其出山之后,舌战群儒、火烧赤壁,取荆州、定巴蜀,戎马倥偬(kǒng zǒng),更无片刻安宁;直到先帝崩殂(cú),辅佐幼主,夙兴夜寐,积劳成疾,七擒六出,五丈归天,才得到永久的平静。

孔明一生,忧国忧民、鞠躬尽瘁,既不甘于寂寞,也不安于宁静,所以才有三分天下的壮举、流传千古的美名,可谓致远矣。若其胸无大志、终老隆中,遑(huáng)论致远。

古往今来,做大学问、成大事业者,无不上下求索、孜孜不倦、励精图治、一往无前。司马迁若安于宁静,则不会有史家绝唱;鲁迅若安于宁静,则不会有横眉冷对；李世民若安于宁静，则不会有贞观之治；李嘉诚若安于宁静，则不会有长江集团。宁静无以致远，宁静致近的教训却不胜枚举。后主李煜，生于帝王之家，长在妇人之手，逢乱世而不思进取，为人主却苟且偷生。一人宁静，导致国破家亡；19世纪的满清王朝，暮气沉沉、积弊重重，直到坚船利炮打开国门，才从宁静中惊醒。一朝宁静，换来百年屈辱。

宁静之水为死水，宁静之人必沉沦，宁静之国家必然落后，宁静之民族终将灭亡。人在旅途，奔波劳碌，得片刻之宁静，以养精蓄锐、再接再厉，方能致远，切不可贪恋宁静、安于宁静。宁静无以致远，宁静足以致近！

真正的英雄不安宁静，他们短暂的宁静是在养精蓄锐，是为了撼动世界，而安于宁静之人则生如死水，在宁静中堕落沉沦。唯有在惊涛骇浪中方能磨炼意志，唯有在炙热烈焰中方能铸就辉煌，彰显英雄本色。

距地球20万光年的小麦哲伦星系是最靠近银河系的邻居之一，也是裸眼能看见的最遥远的天体之一。

尽诚可以绝嫌猜,徇公可以弭逸诉。

——刘禹锡

给中国历代文人的一封信

谢林海

亲爱的各位文人们:

你们好!首先请原谅我用"亲爱的"这三个暧昧(ài mèi)的字眼来称呼你们。今日斗胆给你们写信,实在是因为再也按捺不住心中对你们的感激与愧疚之情,所以只好临纸直书,一吐为快了!

事情是这样的:我是一名应届的高三学生,而且,马上就要高考了。一提到高考,我的脑海便"刷"地一下掠过你们的身影。你们一定感到奇怪吧?高考与你们有什么关系,我怎么就会突然想起你们?但是我要告诉你们,高考与你们真的有很大关系,尤其是当我们写作文的时候。

举个例子吧。我刚读高一的时候,作文差得要命,每次考试,作文分都给扣掉了一大半,原因就是我的作文写得过于普通:议论文不是缺乏例子,就是例子不够典型;记叙文不是不能突出主旨,就是感情不

够丰富；小说就更惨，缺乏情节，虎头蛇尾。于是我就开始反思，并试着找出解决的方法。就在这时，我无意中看到了一篇高考的满分作文。据介绍，这篇作文可以称作哲思性散文、文化性散文或者议论性散文，文中充满了你们的身影。细读之，原来那考生将你们写得实在生动极了，引经据典又抒发个人情怀，简直可以说是"惊天地，泣鬼神"，使人临文涕零，不知所言。所以他得了个满分！

于是我当下就决定向那位仁兄学习，在作文里面多多地将你们加以运用。刚开始时成效不大，但一回生二回熟。终于，在一次考试中我一举夺得了全年级的作文最高分，这使平日里对我没抱多大希望的同学和老师们大跌眼镜。有的同学甚至羡慕不已地向我请教"写作绝招"。

有了那次的鼓励后，我更是发奋努力地对你们进行更深入发掘和研究，以求更上一层楼，使之后的作文考试能信手拈来，谈笑间将作文一气呵成。渐渐地，我便整理出了自己的一套"专业"的写作方法。

譬如说吧，当考试的作文题目是关于"选择"时，我脑海里便立即浮现出你们中的三个人——屈原、司马迁和陶渊明。然后我开始布局，分析好文章的大致结构，于是下笔。笔端一提，我便来到了屈原临死前的汨（mì）罗江边，先是一段凄婉感人的情景描写，动静相衬，点面结合，将屈子投江的画面如电影特写般再现，淋漓尽致地展现了屈原在政治黑暗下的生死抉择，最后再用几句楚辞加议论做个小结，这样就既不拖泥带水又潇洒自如地将"选择"这个话题套入了。接下来就是依样画葫芦了：描写司马迁，则有司马迁惨遭宫刑的生死抉择与《史记》；写陶渊明，则有陶渊明面对官场黑暗与田园生活的选择，然后同样以名言加警句收尾，最后再来一段"画龙点睛"，于是文章大放光彩，想不得高分都难啊！

另外，除了"选择"之外，据我的经验所得，其实还有很多话题可以写到你们。例如，写面对挫折，有李白、苏轼、曹雪芹；写爱国，则有屈原、陆游、辛弃疾、文天祥；写离情，则有柳永、秦观、李清照等等等等。总之，绝大多数作文都可依样画葫芦，只是有时候我不得不

多绕几个弯来贴近主题，然后才可以自由发挥，洋洋洒洒，直抒胸臆。最后肯定又是一篇哲思性或文化性强的高分作文。

所以，我真的非常感激你们！是你们给我提供了那么多优质的写作素材，让我能相对轻松地过了高考写作这一关。尤其要感谢的是屈原、司马迁你们这些"非死即伤"的文人们，因为我让你们"死了又死，一淹再淹"！当然，在感谢你们的同时，我也感到深深的愧疚！那就是，我不知道那些写作方式与我相似的人在写完作文后，他们会怎样对待你们？是像我一样心存感激和愧疚，还是就这样把你们丢到一边等到要用时再重新拣起？我越来越怀疑，当你们美好的形象一次次地从我们笔端流出时，你们对于我们的意义除了写作文还有什么？我们对于你们的真正价值究竟了解多少？我们是不是迷失了方向？

假若是的话，请原谅我们的无知吧，亲爱的文人们！

愿你们在天堂快乐！

但别去看我们的关于你们的作文，这样我想你们会更快乐些！！

一个学生
某年某月某一天

现代的应试教育、盛行的分数能力论，迫使学生在历史与现实的学

习中只保留所谓有意义的知识用来考试，而忽略了学习的真正目的。他们舍弃了真实的能力、放弃了快乐的时光，成为考试机器，这种抹杀未来的行为怎能不发人深思。

小麦哲伦星系位于杜鹃座，在夜空中看似模糊的光斑，大小约为3°，由于平均的赤纬是-73°，所以只有在南半球和北半球的低纬度地区才能看见。

使用得当的话,道具能使演讲者的话更清晰,更有趣,也更容易记住。

——卢卡斯

永不放弃
——浙江大学法学院 2006 届毕业典礼致辞

钱弘道

今天,我们欢聚一堂,共同感受学生毕业这一令人兴奋、令人依依不舍、令人要掉几许眼泪的时刻。我和大家一样,心情相当激动。

一位同学说:"要离别了,才知道四年里内心一直在积蓄着一种感情叫难舍。"而我在 20 年前——20 世纪 80 年代的大学毕业典礼上想的是:"嘿,总算熬到头了!"

啃了那么多年的馒头，吃了那么多年的咸菜，熬了那么多的夜，受了那么多的委屈，经历了那么多可恶的考试，你们才捧上一个学士、硕士、博士的小本本，才神气地戴上学士、硕士、博士这几顶帽子，昂首挺胸地拍个照。

同学们要走了，前面的路还很长，路不好走，我们扶你们上马，送你们一程。我送大家四个字：永不放弃。我担心你们要泄气，所以再给你们打打气。打什么气呢？打三样气：大气、小气、正气。

做事要大气。不要缩头缩脑，瞻前顾后，要拿得起，放得下。不要限制自己的个性，不要追求跟别人一致。追求一致就是随波逐流，千篇一律就是毫无生机。每一项成就都来自胆大包天、"厚颜无耻"的假想。人生一世，要闪点光芒，要让你的个性、想象力、创造力在你的命运中诞生奇迹！

对自己要小气。上帝不会给你第二次生命，生命不能铺张浪费，要善待自己。《毕业歌》的歌词写道："我们今天是桃李芬芳，明天是社会的栋梁；我们今天弦歌在一堂，明天要掀起民族自救的巨浪。"这是大气的歌词。但一栋屋子全是栋梁，那就没有空间了，还得有椽（chuán）子、瓦片、石子、水泥。站在时代潮流浪尖上的弄潮儿总是少数人。我们今天在座的一部分同学可能以后压根儿就再也听不到他们的声音了；一部分同学可能做个小官僚、小律师、小商贩；一部分同学可能是大学者、大法官、大律师，或者拥有一个跨国公司，或者拥有一个城市、一个省，甚至当上了我们老师都见不了面的国家领导人。

不管你的前程是轰轰烈烈，还是平平常常，重要的是要快快乐乐地活着，活出自己的特色和滋味。要努力拥有"自我"，不要把自己弄丢了。好好珍惜时间、健康、生命这些一去不复返的东西。一句话，好好地活着，比什么都强！

做人要正气。要堂堂正正做人，不要搞歪门邪道。同学们要出去了，权力、金钱、美女就要向你招手了。千万不要眼花缭乱，不要见到金钱两眼就冒绿光。人，生而自由，不要将枷锁套在自己的脖子上，不要做权力、金钱、美女的奴隶。房子有爱才成为家,城市有道义才成为社会,红砖有真理才成为课堂,陋室有宗教才成为圣殿,人类有正气才造就文明。

生命虽然有限,然而我们在地球上的贡献能创造永恒。我们的一生不是静止的池塘,我们的一生是川流不息的、不屈不挠的奔流。

丘吉尔下台后应邀在剑桥大学毕业典礼上致辞。丘吉尔的"粉丝"太多了,只要他出现在讲台,台下便座无虚席。那天,他一如既往,身穿礼服,口含雪茄,头戴高帽,手持拐杖,气定神闲。经过隆重的介绍后,丘吉尔走向讲台,两手撑住讲台,注视观众,大约沉默了两分钟,然后说:"永远,永远,永远不要放弃!"接着,又是长长的沉默,然后他又一次加重语气说:"永远,永远,永远不要放弃!"

我最后给同学们的赠言就是:永远,永远,永远不要放弃!

前行在人生漫长而多彩的路上,就像在浩瀚大海上航行,有时风平浪静,有时却暴风骤雨,行驶艰难。但是,只要心中有坚持,就能免于金钱权利的诱惑,在自己的航线上继续航行,所以,请永远不要放弃,在阳光中欢笑,在暴雨中坚强,走出一条自己的人生之路。

大、小麦哲伦星系就形状来说属于不规则星系,质量远小于银河系。麦哲伦星系和银河系一样,也包括气体和恒星。

> 人是为思索而降生的,所以人一刻也不能不思索。
>
> ——巴斯卡

俗俚诗妙手回春

史春生

俗俚诗一般前几句俗不可耐,最后的"点睛"之笔,却让人拍案叫绝。

明代徐渭给一幅题为《柳亭送别图》的名画题诗,开头几句是这样的:"东边一棵树,西边一棵树,南边一棵树,北边一棵树……"哎呀,怎么这样写?太俗了!但最后两句却一鸣惊人:"纵然碧丝千万条,哪能绾(wǎn)得行人住?"

清代有个戍边大将叫杨遇春,一次与几个人同游寺庙,见到一尊卧佛躺在那里,似睡非睡。大家恭请杨遇春吟诗助兴,他指着卧佛打趣道:"你倒睡得好,一睡万事了。我若陪你睡……"大伙忍不住掩口而笑。只听他又说了一句:"江山谁来保!"这一句真是绝唱!

相传乾隆皇帝有一次下江南,日近黄昏,远处飞来一只白鹤,他一时兴起,就命众人吟诗一首。有个叫冯修诚的学士即兴赋诗:"远望天空一鹤飞,朱砂为顶雪为衣。"乾隆故意难为他,连声说道:"我让你吟的是黑鹤,不是白鹤!"冯修诚灵机一动,接着吟道:"只因觅食归来晚,误落羲之洗墨池。"这样白鹤就变成了黑鹤,真是天衣无缝。

俗俚诗中,在俗不可耐的诗句后,在大家掩面窃笑之时,漫漫一句结尾造就点睛之绝句。在大家惊叹称赞之时,更能发觉诗人的机敏才智,如无丰富的文学底蕴又怎能在瞬时化腐朽为神奇。

麦哲伦星系中的气体含量丰富,中性氢质量分别占它们总质量的9%和32%,都比银河系的大得多。这表明它们的演化程度不如银河系高。它们的星际尘埃含量比银河系中的少。

"心平气和"四字，非有涵养者不能做。

——弘一法师

自嘲有讲究

晨 风

周末，去听一个好友在 PUB 的演唱会。他向来因幽默而备受欢迎。"各位，你们看我的外表，就知道我是个实力派歌手。"此话一出，大家就笑了。

"我不是靠外表取胜的。小时候亲戚来我们家，看到我哥，他们都对我妈说：'你的大儿子好英俊！'看了我后都说：'嗯……你的二儿子，好个性！'"说完大家又笑了。

他又接着说："我不接受点歌，因为——很多歌我都不会唱。"又有人大笑，"所以今天只能为你演唱我会唱的歌。下面要唱的这首歌，被公认很难唱，我觉得我唱得还可以，不过因为很难唱，所以唱得不好，嘿，也不是我的错。"

能够自嘲的人，很快就能够打破与陌生人之间的那一层透明屏风。接着，他说他要唱一首经典老歌《两小无猜》。他问："看过这部电影的请举手？"

观众稀稀拉拉地举手，有人大叫："太老的电影了，怎么可能看过？"他说：

"这部电影啊,我也是听我妈说的。"全场大笑。唱完,他又问:"听过这首歌的举手?"观众还是只有十几人举手。"你们骗我!那刚刚你听到的是什么?"又是哄堂大笑。

我们说,一个人如果能面对自己的缺点,或故意吐露一些自己不完美的地方,一般人就会认为他坦诚可亲。

有位业务员,顾客第一眼看到他,都会讶异于他比常人多一倍的体重。他却说:"嘿,公司派我来,就是因为你是重量级的客户,只有我才能镇得住场子啦!"一句话便能够给人留下很深的印象。

幽默,如果用来嘲弄别人,就会锐利如刀;如果用来嘲弄自己,却是拉近距离的良药。但自嘲也需适量,不能自嘲到别人必须来安慰你的地步,否则别人又觉得你太自卑了,一点也不好玩。

自我嘲讽是幽默和谐的一种表现,在诙谐与畅快之间不失优雅,在勇敢与自重中又不失身份,为他人带去了欢乐,也能得到别人更多的尊重。

> 有思想而不表达，就等同于没有思想。
>
> ——李开复

场下的智慧

王山甲

教练给人的印象一贯是紧绷着脸，紧闭着嘴，一脸严肃地站在场地边上看队员们训练，看哪个队员练得不好，就大吼一句，吓得队员们胆战心惊。其实并非每个教练都如此，且看中国各个体育项目的主教练给你展现不一样的幽默机智。

中国篮球主教练尤纳斯

尤纳斯不管在场外，还是在私人场合，他的风趣、幽默都给大家留下了深刻的印象。

北京奥运会上，中国男篮将与西班牙和美国两个强队同组。对于这样一个尴尬的分组情况，尤纳斯也很头痛，不过他并没有抱怨，而是与现场的记者开起了玩笑："如果让我们自己随便挑的话，我们可能会分到不一样的组，但是我也没有上帝他老人家的电话，结果也没法改变了。"

有记者就中国队员投篮命中率低的问题提问尤纳斯，他幽默地说：

"曾经有个音乐教授问我,为什么篮球赛的命中率经常只有50%?如果我们小提琴只拉出50%的水平,恐怕没有人愿意来听。我告诉他:如果你拉小提琴时有几个两米以上的大个子在旁边拽你,那你能拉出50%的水平就不错了。"

中国射击队主教练王义夫

2006年多哈亚运会颁奖现场,有一位新闻官请王义夫帮助鉴别颁奖时奏的国歌是否正确,王义夫幽默地说:"还鉴别什么?6枚金牌都是中国的,照着放6遍准没错。"大家笑声一片。

2008年北京奥运会中国射击队的战绩是媒介的关注焦点,对这一敏感问题王义夫回答得很巧妙。一次,王义夫回答此类问题时,传来装修工人清脆的敲打声音,王义夫借机夸张地转过头,看了看说:"是不是不让说了?"

中国体操主教练黄玉斌

目前体操水平最高的是中国、美国、日本和罗马尼亚队。在一次体操世锦赛后,一位"跨行采访"的日本记者竟然问起中国队总教练黄玉斌对体操选手服用兴奋剂怎么看,对这个令人哭笑不得的问题,黄教练回答道:"体操比的是技巧,吃了兴奋剂上赛场,恐怕只能添乱吧。"

中国女曲主教练金昶伯

韩国人金昶(chǎng)伯有个称号"魔鬼教练",训练场上的他怒目圆睁、一脸严肃,具有十足的震慑力。不过训练结束或是场下,"魔鬼教练"倒是经常和队员开玩笑,气氛显得很轻松。

有一次冬训快结束时,金昶伯问起队员:"两个多月了,哪个人的曲棍球的技术进步最大?"队员们左右互看,低头不语。这时,他一本正经地说:"我看阎琪的水平提高得最快了。"引来队员一片笑声,因为阎琪是队里的科研教练,只是没事的时候自己在场边打着玩。

中国男足前主教练杜伊

2006年世界杯上,一位头发已经花白的塞尔维亚老头带领着加纳从死亡之组突围,让很多球迷都知道了他,他叫杜伊科维奇。2007年他成了中国国奥队的主教练,中国球迷喜欢叫他杜伊,还有球迷叫他阿杜。

有一次比赛,乌拉圭国奥队并没有按时出现在贵阳,原因是航班晚点,因此那天的赛前新闻发布会成为了阿杜的独角戏:"他们来晚了,我想他们肯定是没有估计到中国有这么大,估计他们走丢了!"

中国羽毛球教练李永波

苏迪曼杯羽毛球赛中国迎战马来西亚之前,有记者采访中国队主教练李永波,说此战马来西亚可能尽遣主力上场,背水一战,也许会险中取胜。李永波说:"凭中国的实力,不惧怕任何对手。别说他们背水一战,就是背炸弹,也不行!"

言谈中有一种无往不利的防卫武器,那就是幽默。幽默是一种交际的技巧,它能使尴尬的气氛如流水划过般消散,将紧张焦虑化为轻松快乐,将迎面的危机轻易化解,巧妙躲过责难的陷阱。

大麦哲伦星云和小麦哲伦星云是距离银河系最近的两个"邻居"。大、小麦哲伦星系是银河系的卫星星系,每15亿年绕银河系轨道转一圈。

嫉贤妒能的实质是嫉名妒利，一辈子怀才不遇的倒霉蛋是不会有人去嫉妒的。

——周国平

大度的总统

田彭祖

克林顿任美国总统期间，有一天到一家医院视察。一个十来岁的孩子使劲挤到他跟前，呆呆地看着他什么也不说。克林顿弯下腰问："你有什么事吗？"小孩挠了挠头，说："我想得到总统先生的签名，您能满足我的要求吗？"

克林顿很高兴地答应了孩子。不想孩子突然又说："总统先生，可以给我签四张吗？"克林顿不明白："你为什么要那么多？"孩子说："我只想要一张您的签名，但想用另外三张去换一张迈克尔·乔丹的签名照。"

克林顿愣了一下，想了想，笑着说："完全可以。但我有个侄子也喜欢迈克尔·乔丹，我想再给你签6张，请你替我的侄子也换一张迈克尔·乔丹的签名照可以吗？"

生活中孩子的天真无邪常常使人陷入一种尴尬的境地，在进退两难的情况下，与其愤愤不欢，不妨开怀一笑，以大度的态度微笑地面对，在坦然中显现自己的人格魅力，征服众人。

> 语言之美并不是要贫嘴。
>
> ——老舍

柴克莱巧斥卫兵

张国学

威廉·梅可皮斯·柴克莱是19世纪英国著名的小说家。他不仅文笔犀(xī)利,口才也很是了得。

有一天,他在某俱乐部用餐时,一个卫兵带着轻蔑的口吻说:"喂,柴克莱,听说刚才你请人替你画像了,是吗?"

"是啊!"柴克莱礼貌地点点头。

"听说你的画像都只有上半身?"

"对!只有腰部以上。"

"是下半身不能见人,还是有双罗圈腿?"卫兵有意提高了嗓门,还故意挑衅地望了望柴克莱,俱乐部里其他人都哄笑起来。

"我想你的画像一定都是全身对不对?"柴克莱不慌不忙地问。

"对啊!"卫兵趾高气扬地回答。

"你知道这是为什么吗?"

"为什么?"卫兵好奇地问。

"因为这样才可以看到你全身最重要的部位,也就是你脚上的马刺(马靴后跟上钉形圆头金属,可用来踢马腹,使马快跑)。"柴克莱又顿了顿说,

"可是替作家画像,就只需要画出他们的头脑便成了。"

顿时,俱乐部里响起雷鸣般的掌声。

那个企图羞辱柴克莱的卫兵张口结舌、无地自容,只好灰溜溜地走了。

真正的强者不会蔑视任何人,更不会无缘嘲笑他人的缺点,但是,他们亦不惧怕言语的攻击。在面对他人无知的嘲讽时,他们会坦然平静地给以反击,言语犀利、毫不留情,却又温文尔雅、礼貌高贵地获得胜利。

天狼星在天空中位于偏南方向,一般多见于冬、夏两季的前半夜,它是天空中最明亮的恒星。

能容小人，方成君子。

——冯梦龙

大师上课的开场白

陈鲁民

大师上课，不仅水平高，功底深，内容丰富，脍炙人口，令人难以忘怀，而且他们上课的开场白，也各有千秋，见秉性，见风格。

清华国学四大导师之一的梁启超，上课的第一句话是："兄弟我是没什么学问的。"然后，稍微顿了顿，等大家的议论声小了点，眼睛看向天花板，又慢悠悠地补充一句："兄弟我还是有些学问的。"头一句话谦虚得很，后一句话又极其自负，他用的是先抑后扬法。

西南联大中文系教授刘文典与梁启超的开场白有异曲同工之妙。他上课的第一句话是："《庄子》——嘿，我是不懂的喽，也没有人懂。"其自负可见一斑。

启功先生是个幽默风趣的人，平时爱开玩笑，上课也不例外。他的第一句话常常是："本人是满族，过去叫胡人，因此在下所讲，全是胡言。"引起笑声一片。他的老本家，著名作家、翻译家胡愈之先生，也偶尔到大学客串讲课，开场白就说："我姓胡，虽然写过一些书，但都是胡

写；出版过不少书，那是胡出；至于翻译的外国书，更是胡翻。"在看似轻松的玩笑中，介绍了自己的成就和职业，十分巧妙而贴切。

架子最大的开场白，非章太炎先生莫属。他来上课时，五六个弟子陪同。有马幼渔、钱玄同、刘半农等，都是一时俊杰，大师级人物。章先生国语不好，由刘半农做翻译。钱玄同写板书，马幼渔倒茶水，可谓盛况空前。老头也不客气，开口就说："你们来听我上课是你们的幸运，当然也是我的幸运。"幸亏有后一句铺垫，要光听前一句，那可真是狂到天上去了。

听大师上课，如醍醐（tí hú）灌顶，是一种美妙的享受，光是那些非同凡响的开场白，就能让人肃然起敬。

大师是学识颇丰之人，他们都经过岁月的洗礼、现实的磨炼、知识的浸染。他们或风趣幽默、或傲然自负，都有丰厚的学识为依托，他们的话语常常能撼动人的心魄，使人敬意肃起。

在南半球看大小麦哲伦星云，一年四季它们都高高地悬挂在南半球天顶附近，争相辉映，从不会落到地平线以下，就像我们在北半球看北斗七星永远不会落到地平线以下一样。它们是南半球的一对瑰宝。

演讲者的体态、风貌、举止、表情都应给听众以协调平衡乃至美的感觉。

——曲啸

群英战吕布

古傲狂生

《三国演义》第五回中道，虎牢关下三英战吕布，方才将吕布战退。这回书写得相当精彩，但有个问题一直困扰着大家，为什么就三英联手才能战倒吕布呢？对此，大家七嘴八舌，众说纷纭。

文学家说："这是十足的艺术夸张，不足为凭啊。按罗贯中的说法，关羽和张飞都那么厉害，怎么会夹攻都胜不了吕布呢？为了塑造吕布的光辉形象，关张的形象就大打折扣，明显的前后矛盾。老罗这家伙，骗了大家。"

数学家说:"问题并不这么简单。一加一并不全等于二,这是个很有意思的现象。吕布战败了公孙瓒(zàn),和张飞平手,其武力略大于等于张飞。关羽、张飞双战吕布,又是平手,吕布武力略大于等于关羽加张飞。最后刘、关、张联手击败吕布,吕布的武力小于刘、关、张。这些不等式有许多矛盾,很有意思。"

社会学家说:"这还是个复杂的社会问题。一个团队的力量不是其成员力量的简单累加。组织得当,团队力量会倍增。反之,也是一样。刘、关、张刚出道,相互之间配合还不够默契,这就使他们的战斗力大减。到了赤壁之战时期,他们达成默契,相信就是两个吕布也不是他们的对手。"

心理学家说:"18路诸侯攻打董卓,刘备只是平原令,其小集团微不足道,依附在公孙瓒的羽翼下。而吕布作为董卓的头号战将,威名远扬。双方实力极不对称。刘、关、张可能出于自卑,会怯战。还有,在前面战役中,关羽温酒斩华雄,却没得到奖赏。这样,他们会有想法,从而消极迎战,大大降低了本身的战斗实力。"

历史学家说:"关羽和张飞都号称万人敌,但联手却无法战胜吕布,这是否有着不为人知的历史隐秘呢?刘备乃世之枭雄,一生都在打拼,很可能他暗示关、张,不要全力以赴,造成不分胜负的假象。他这样安排,是否想在两个集团之间走钢丝?这样既显示实力,向18诸侯买好,又向董卓一方示威,伺(sì)机捞取政治资本。这也是一种可能啊。"

哲学家说:"从辩证和发展的观点来看,关、张的武力强大,体现在这以后的时期。那时关羽只是温酒斩华雄,张飞则没什么具体武力体现。这次战役肯定对关、张的刺激很大,他们就到处拜师学艺,相互切磋,使武力得到了很好的提升。而刘备侧重于政治和谋略层面,配合关、张武力的增长。"

网络玩家说:"哼,这还用说?他们初次交锋,彼此不大了解。所以关羽没使拖刀计,张飞没使狮吼功,'大耳朵'没使啥阴谋诡计。要使了这几招,早干掉吕布这小子了。三英战吕布?我呸!"

罗贯中气得从棺材里坐起来嚷:"够了够了,你们这帮家伙!还让人安生吗?"

人生中总有许多无法说清的矛盾,在矛盾面前每个人有都有自己不同的见解,或许是空穴来风、随意猜想,或许论证十足、有条有理,但是,不管是谁都无法定论孰是孰非,所以,又何必迷信专家的言论,要坚守自己的见解。

20世纪70年代后,由于外科技术的进步,保存方法的先进,交通的高速发达,移植中心的建立,尤其是利用免疫抑制剂控制各种排斥反应的成功,使器官移植取得了显著发展。

倒叙生花

演讲,不仅仅是一种职业,而且是一种事业,一种伟大的事业。演讲,不仅仅是一种科学,而且是一种艺术,一种卓越的艺术。

——李燕杰

语不惊人非王朔

王　朔

1. 朋友来了有好茶,媒体来了有开水。

2. 你讨厌我,就应该和我不一样,比我文明,你可千万留神不要变成和我一样的人。

3. 你以其人之道还治其人,你就变成你的敌人。

4. 平等公式:我是流氓我怕谁 + 你是流氓谁怕你 = 谁也不怕谁。

5. 你们想娱乐我，我娱乐死你们！

6. 我和老徐的博客的区别在于我是肺腑之言，她是一种无奈的生活态度，我真是一个自我感觉超级良好的人，所以有时扬扬得意之后也觉得自己特讨厌。但是老话说：肺腑而能语，医师色如土。

7. 摇滚女青年和文学女青年没什么区别，拿爱好当个性了。

8. 社会上多少人疯了自己都不知道，在演正常。

9. 悲剧，是把美好毁灭给人看；喜剧，是把人生无价值撕破给人看。两样都是破坏性工作。

10. 生命是一种聚合，死亡是一种发散。

11. 谁不进步，坐那儿吹牛，就直接丢进人类垃圾桶。

12. 人总有一死，或引人同情，或不以为然。

13. 我就是要让小人人人自危。

14. 一网撒到天边，捞上来的全是熟张儿（熟人）。

15. 评论家就像太监。自己办不了事，净瞧皇上在那儿办事了，回头到处散去，假装懂。

16. 痞子坦荡荡，老师常戚戚。

17. 仇恨会扭曲人的脸，我就由一个清纯少年变得凶相毕露。

18. 北京再不能这么无度开发了，就快和天津连上了。地下水再抽就该陆沉了，像山西三分之一地区一样，要不你们抓抓海水淡化，那样我们可以趴塘沽海边接水喝。

19. 林黛玉就是嫁了贾宝玉也是每天怄（òu）气。
20. 所有小说写的都是真事，怕吓着你们才叫小声说。

王朔总是语出惊人，常常令我们为其惊世骇俗而惊呆，为其幽默而在愕然中微笑，细细品味亦别有一番滋味，他的语句中处处显露他的魅力。他的机智、他的桀骜、他的泰然都让众人折服。

人们用肉眼看到的天狼星的光迹，几乎全都来自天狼星的主星。这颗主星呈蓝白色，质量、直径约为太阳的二倍，亮度约为太阳的二十倍。

有口才才使你雄辩滔滔，占尽上风。

——埃及谚语

汉语颠倒意趣

刘新宁

湖北人、湖南人、四川人都爱吃辣椒，但依次更甚，有人只以"不"、"怕"、"辣"三个字便道出了他们各地人的情状，即"湖北人不怕辣"、"湖南人辣不怕"、"四川人怕不辣"。

有个主考官批卷，三个考生的文章实在是差，主考官又必须分出等次、写上评语，于是这个主考官大人来了个妙批奇文：一等放狗屁；二等狗放屁；三等放屁狗。此批妙就妙在考官把一等作者还当成了人，只

是放了个狗屁而已；二等作者则是狗了，文章是狗放的屁；三等作者只是一个会放屁的狗（看家、打猎均不行）。

有个领导叫胡不字，不学无术，只会在文件上写"同意"两个字，然后签名。长此以往，竟把这几个字练得出神入化，日本人邀请他参加书法比赛，无奈此君别的字不会写。人急智生，写了一诗："字同意不同，意同字不同。同意不同字，同字不同意。"可谓神来之笔。大名一签：胡不字。只比诗文多了个姓——"胡"。说来说去，还是批文件的五个字——"同意，胡不字。"

乾隆出巡，在始皇陵前观赏翁仲（秦代武士）石像，问随行人员此像为谁。一翰林答道："此像名仲翁，为秦代武士，因力大，故刻其像以卫皇陵。"翰林都答对了，只把名说颠倒了。其实，乾隆也是博学之人，只是考问下臣而已。他没治翰林的欺君之罪，只是生气此君学问不扎实，于是幽默地处罚了他，写诗一首以代圣旨："翁仲缘何做仲翁，只因窗下少夫功。而今莫再为林翰，贬入朝房做判通（通判：官职，比翰林小）。"乾隆的诗，故意把末尾两个字都颠倒了，既为押韵，也是谐谑。

中国的文化博大精深，以其华丽的辞藻、优美的语句、繁多的技巧、深广的意蕴为世界所仰慕。简单词字灿若繁星，仅仅变换位置就能产生多种全新的意义，不能不说是中国文化的神奇。

如果你的舌头变成刀子,就会割破你的嘴唇。

——西方谚语

"乌鸦嘴"啄"眼中钉"

沈秀涛

日本明治初期,外交上经常被西方国家搪塞(táng sè)、捉弄。英国驻日本使者派克斯每遇到日本提出问题,皆以"与法国公使商量后,再回答"为遁词,使日本外相寺岛宗伤透脑筋,自然把这个老狐狸视为"眼中钉"。

寺岛宗对派克斯的善于推脱实在无计可施,便向西乡隆盛求助。西乡听了便说:"让我来对付派克斯吧!"他立刻去拜访派克斯。

见到派克斯,西乡直截了当地问:"恕我冒昧,请问贵国是不是法国的附属国?"

派克斯听了大发雷霆："闭上你的乌鸦嘴！你身为陆军将领，竟不知道英国是不是法国的附庸？英国乃是世界上最强大的君主立宪国，像法国这样独立不久的共和国，怎能与英国相提并论呢？"派克斯气势汹汹，西乡却面不改色。

"我过去也这样以为。"西乡说。

"那究竟是为什么呢？"派克斯吹胡子瞪眼看着他。

"你和我们谈论一些国际问题时，口口声声说必须与法国公使商量后方能作答。英国若是真正的独立国家，又何必事事仰人鼻息呢？"

狡猾的派克斯对西乡这一招完全失去了招架能力，被问得哑口无言。

言语是一把锐利的剑，机智之人能用它抵御他人的攻击，化解他人的责难，更能在交谈中直击他人的漏洞，命中他人的缺陷，打碎他人虚伪的掩饰，使自己在社交中无往不利。

太阳表面温度约6000℃，呈金黄色。比太阳还炽热的星发白色的光，和太阳热度不相上下的星放黄色的光，表面温度比太阳低的星放红色的光。

通向智慧之路，说出来十分简单：犯错、犯错、再犯错，但是犯得越来越少，越来越少，越来越少。

——皮特·海因

长话短说，演讲也精彩

戎雪枫

冗长的演讲被人们戏称为"马拉松式"的演讲，这种演讲往往空洞无物，即使言之有物，也会因为繁冗拖沓使听众抓不住演讲重点，烦闷不堪。因此，言简意赅的演讲更能吸引听众，让人们印象深刻。

丘吉尔励己励人

丘吉尔是英国历史上最著名的首相之一。丘吉尔最后一次演讲是在剑桥大学一次毕业典礼上的演说。在上万名学生的注视下，丘吉尔走进了会场，挥挥手走向讲台。他脱下大衣交给随从，然后摘下帽子，默默地注视着所有的听众。一分钟后，丘吉尔说了一句话："Never giveup！"（永不放弃）。说完后，丘吉尔穿上大衣，戴上帽子，离开了会场。这时整个会场鸦雀无声，几秒钟后，掌声雷动。

林语堂诙谐发倡导

1967年6月，台北某学院举行毕业典

礼，特邀林语堂参加，并请他即席演讲。安排在他前面的几位颇有身份的演讲者，似乎为了炫耀口才，将演讲拖得特别长。轮到林语堂发言时，他快步走上讲台，说道："绅士的演说应该像女人穿的迷你裙，越短越好。"说完，他退下讲台。此话一出口，大家先是一愣，几秒钟后，会场上哗地响起了哄笑声，而刚才还在台上口若悬河演讲的几位此刻却是面红耳赤、如坐针毡。

郁达夫现身说法

20世纪30年代，福州新闻界、文学界邀请文学家郁达夫去作一次学术性演讲。郁达夫对当时学术界那种冗长空洞的演讲十分反感，认为这是空耗时间，浪费生命，他本人不愿意接受邀请，但盛情难却，还是去了。他一到会场就跑上讲台，在黑板上写了三个大字"快、短、命"，随后朝台下看了看，开始了他的演讲："本人今天要讲的是文艺创作的基本概念，就是这三个要诀：快——就是痛快，写得快；短——就是精简与扼要；命——就是不离题，词达意。说话和作文都是一样，如我现在所说的，就是这个原则，不要说得天花乱坠，离题太远，或者像缠脚布那样又臭又长。完了！"

伴随着热烈的掌声，郁达夫结束了他的演讲。

邹韬奋短句寄哀思

40年代,邹韬奋先生出席公祭鲁迅先生大会,轮到他发言,时间已经不多,邹先生当机立断,作了一句话的演讲。

"今天天色不早,我愿用一句话来纪念先生:许多人都是不战而屈,鲁迅先生是战而不屈。"此语一出,赢得了一片掌声,大会在高潮中落下了帷幕。

演讲常常有振奋人心之效,短小而精悍的演讲亦能完成这项使命。短小的演讲并不是内容空洞、言辞无意的,而是简洁精悍、词不离题、言不失意,与其繁冗漫长,不如干脆简明扼要,更能振奋人心。

> 不知道何时闭嘴的人就不知道何时开口。
>
> ——英国谚语

妙诗笑讽错字人

耿仁亮

有一则古代笑话，说某女婿托丈人买杏，却误将"杏"字写成"否"字。岳丈看了恼火，写打油诗讽之："听说贤婿要吃'否'，害得老汉满街走。捎来一些小黄杏，不知是'否'不是'否'？"

明朝画家沈石田收到友人的一封信和一盒礼品，信上写道："送上琵琶，请笑纳。"沈画师打开礼盒一看，原来是吃的"枇杷"而不是乐器"琵琶"，便回信道："承惠琵琶，听之无声，食之有味。"友人读了回信，知道写了白字，作打油诗自嘲："枇杷不是此琵琶，恼恨当年识字差。若是琵琶能结果，满城箫管尽开花。"

近代有桩趣事。护国运动期间，四川民政厅长金利容接见顾品珍将军推介的王敬文，金厅长见其口齿伶俐，又是顾将军的亲戚，便安排他到涪（fú）州任知州。颁发委任状时，接令人按例要当场自我介绍并宣誓。

王接过委任状,便说:"陪州知州王敬文,愿效犬马之劳,以德报怨!"

金利容听他誓词读了别字,又错用成语,大吃一惊,便说:"请兄台看清楚是什么州?"

王敬文把委任状重看一下,急忙改口:"啊!是倍州。"

金利容幽默地说:"老兄,这不是陪字,也不是倍字,而是涪(fú)字。你目不识涪,怎能糊糊涂涂去当州官呢?"

王敬文正在羞愧,只听金又说:"鄙人名利容,望兄台不要认成'刺客'!"

王敬文这回真是无地自容了。众人大笑不止。金厅长当即将委任状收回,并告知顾品珍将军。顾军长也大笑,并作打油诗道:"欲作州官不识州,时陪时倍费思筹。家严是你好姑父,莫把小瑜作小偷。"

当代也有这样的笑话。一次高考,历史试卷上有这么一道题:"法国1804年至1815年间执政皇帝是谁?"有位考生答题疏忽,将"拿破仑"写成"拿破枪"。阅卷老师看后,在答卷边写了四句批语:"该生答题好荒唐,法国皇帝拿破枪。若是果真有此事,不如中国民兵强。"

妙语巧讽常常能为枯燥无趣的生活添加一丝乐趣,巧讽中并不一定带有不敬之意,而是将一些错误机智巧妙地显露出来,将尴尬幽默地化解,使人闻之会心一笑。

与他人进行有效的交谈,并且赢得他的合作,这是那些奋发向上的人培养的一种能力。

——戴尔·卡耐基

何炅:锦心绣口,妙语笑言

陈　进

何炅刚出道时,就以清秀阳光的形象和睿智幽默的口才吸引了电视机前的观众。在主持湖南卫视《快乐大本营》和其他节目中,他处理突发问题时表现出来的冷静机智、鬼灵精地插科打诨(hún),以及蕴藏智慧的幽默言语,均赢得了观众的认可。

激活气氛,慧言毕现

伍佰做客《快乐大本营》宣传自己的新专辑《太空弹》时,谢娜试图说服伍佰摘下墨镜,伍佰笑着婉拒了她的要求。而何炅机智地对伍

佰说:"在大家的印象里,你一直都是戴着墨镜,观众都想一窥你的庐山真面目。倘若你摘下墨镜,观众看清了真实的你,才不会像在'太空'一样,如坠云里雾里。"伍佰一笑,摘下墨镜示人。

巧打圆场,妙语开脱

有一次节目,谢娜在送嘉宾祝福时竟然大大咧咧地说:"……所以我也希望你跟你的妻子好聚好散,希望你们……"现场一下子陷入冷场的尴尬局面,何炅赶紧解围说:"有一次人家结婚,她上去送给大家一首歌:'分手快乐,祝你快乐。'"

一语双关,趣话戏谑

早些时候,在谢娜《音乐不断》歌友会上,与谢娜刚传出绯闻的张杰作为嘉宾来参加节目。一上来,谢娜跟张杰站在一起,何炅则站在另一边。何炅打趣两人说:"这个站的位置就有说法了。怎么站?是你俩站在一起,还是我站在你俩中间?如果他俩站在一起说明他俩真的在一起了。"谢娜说:"我们俩站在一起!"说完马上走到何炅另一边,让何炅在中间。何炅又打趣说:"如果我站在中间,就真的像传闻那样,是我牵的线、搭的桥。"引得观众一阵哄笑。

在生活中,幽默是化解尴尬的最好武器。但是,幽默的能力是需要冷静机智和睿智做依托的,它体现了一个人面对生活的乐观态度,是智慧的变相表达。

口才是社交的需要,是事业的需要,一个不会说话的人,无疑是一个失败者。

——林肯

天哪!又是"创意"

祁 静

"创意"一词,如今已是大红大紫,风行全国。初见那阵,却总觉得不顺眼。翻查《现代汉语词典》,横竖找不到踪影。在一次笔会上,有人断定这厮"非我族类",主张"封杀"勿论。谁知言犹在耳,一天偶查《汉语大词典》,竟发现"创意"赫然在编,原来早在王充的《论衡》中便有用例,称得上是汉语词汇中的"老祖宗"了。一个词的沉

浮，也许可以看出一个民族的心理轨迹。

何谓"创意"？新版《现代汉语词典》终于可以找到解释："有创造性的想法、构思等。"凡是称得上"创意"的，总该有独特的立意、饱满的激情和卓越的智慧。然而，说来可怜，在实际语言运用中，"创意"往往成了狗皮膏药、万应灵丹，名为创意，其实也许是昏招，是漂亮外表包裹下的馊主意。

一次路过街头的糖炒栗子摊位，只见旁边竖着一块一人多高的宣传牌，上书四个大字"糖炒票子"，"票"字显得十分醒目。有人提醒摊主，这个"票"字是个别字，不是"糖炒票子"，是"糖炒栗子"。摊主摇头、耸肩、一脸不屑地说："这是我的创意啊！你们知道吗？'票子'比'栗子'更具吸引力。你们买的是栗子，我赚的是票子。'糖炒票子'——不正像崔永元的节目'实话实说'吗？"真想不到，原来老板是"创意大师"，我们只能在别字面前吃瘪（biě）。

上海曾举办过一场演唱会，演唱会有个怪怪的名字——"爱那莫深"。演唱者是歌坛两位"大姐大"人物：那英、莫文蔚。据说开唱那天，二人珠联璧合，姐妹情深，台上台下泪飞如雨，演出取得了空前成功。可"爱那莫深"到底是什么意思呢？对歌坛陌生如我辈，百思不得其解。为此，我曾请教过身边的一些人。

有人说，"那"是那英，"莫"是莫文蔚，"爱那莫深"，就是爱那英、莫文蔚爱得深。也有人说，"莫"是副词，"爱那莫深"就是爱那英不要爱得太深，否则你难免会受伤的。还有人说，"爱那莫深"是"爱那么深"的谐音，至于"那么深"是多少深呢，你就发挥自己的想象吧。后来还是一位"娱记"一语道破天机："起这样的名字是演出公司的创意。他们想要的就是这种若即若离、似通非通的效果。语言在可解而又不可解之间，是最具杀伤力的。你们注意演唱会的名称，不正说明他们的创意达到目的了吗？"不说不知道，一说吓一跳。原来"爱那莫深"暗藏玄机，我们在不知不觉中已入了别人的彀（gòu）中。

在生活中，类似这样的创意，常会不期而遇。近来，上海街头推出了一则公益交通广告，广告语是："时间成可贵，生命价更高"。它告诫人们要注意交通安全，不要为了抢一瞬的时间而付出一生的时间。广告的立意无疑是积极的，但"时间成可贵"的"成"字也无疑是个别字，于是有媒体提出了批评。想不到广告的设计者竟振振有词地辩解说："我是搞设计的，看事情的角度自然和你们不同。把'诚'字改成'成'字，是创意的需要。"

天哪，又是"创意"！

裴多菲的"生命诚可贵，爱情价更高"，已不知被各路大师用了多少次，早成了一种"把女人比成花"的套路，还剩下多少新鲜感可言？而这位年轻的设计者似乎并不知情，更让人吃惊的是，他竟然把它当成了曾高歌"砍头不要紧，只要主义真"的夏明翰烈士的诗句。至于为何要改"诚"为"成"呢？他的阐释是："是为了让人们深究自己是否成为时间的奴隶，更是为了警示人们，不要以时间为幌子，忘却了生命的价值。"真想不到在这样一个典型别字、典型病句后面，竟有着如此的微言大义。我不禁又一次为"创意"感到悲哀。

创意啊,创意啊,多少荒谬、多少错讹、多少空乏,假汝之名以行——这是一个模仿的句子,没有任何创意可言。

现在"创意"一词已经被追逐市场效益的逐利者滥用得面目全非,他们还美其名曰:设计、创新,何其讽刺。我们可以认同经典的移植,却无法忍受这种荒谬的所谓创意,这是对文化的一种贬低。

月球距离地球最近,然而它和地球间的距离也有384 400千米。太阳和地球间的距离就更遥远了,约为1.5亿千米。

思维的浅陋让我们的语言变得粗俗而有失精准；而语言的随意凌乱，又使我们更易于产生浅薄的思想。

——乔治·奥威尔

"胡说"白话文

史冷金

胡适在北大讲课时大讲白话文的优点，那些醉心文言文的同学不免萌生了抵触情绪。正当胡适讲得得意时，一位同学突然站起来，声色俱厉地提出抗议："胡先生，难道说白话文就没有缺点吗？"胡适冲他微笑着说："没有的。"那位同学更加激愤地反驳道："白话文语言不精练，打电报用字多，花钱多。"胡适扶扶眼镜柔声说道："不一定吧，前几天行政院，有位朋友给我打来电报，邀我去做行政院秘书，我不愿从政，决定不去，为这件事我复电拒绝。复电是用白话写的。请同学们根据我这一意愿，用文言文编写一则复电，看看究竟是白话文省，还是文言文省？"

几分钟过去，胡适让同学们自动举手，报告用字数目，然后从中挑选一份用字最少的文言电稿，电文是这样写的："才学疏浅，恐难胜任，不堪从命。"

胡适说，这12个字确实简练。但我的白话电报却只用了5个字："干不了，谢谢。"经过这一堂课，不少同学对胡适、对白话文都有了好感。

追求辞藻文饰,讲求字字珠玑的文言文早以其晦涩难懂退出历史的舞台了;而白话文以其朴实简洁、使用方便,情感细腻,朗读顺畅等特点,成为时代的主流,虽然不能忘记历史的文化瑰宝,但是白话文才是现代的主题。

太阳即为一颗普通的恒星,每秒钟从它表面释放的能量大约是386亿焦耳,这些巨大的能量可供人类使用1 000万年。

> 能言善辩的人，往往使人尊敬，受人爱戴，得人拥护。
> ——汤姆士

多说了半句废话

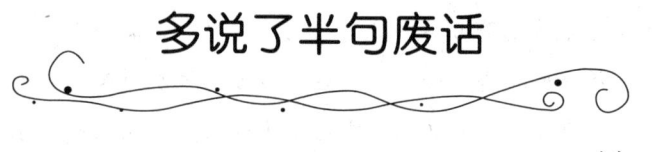

刘　墉

有道是"沉默是金"，在谈怎么说话前，我得先谈怎么不说。因为祸从口出，不说要比说好得多。

举个最近的例子：上月，台湾省有位官员在被质询时说错了话，被K得满头包。事情是这样的：台湾省南部连日豪雨，造成淹水，于是有人质询农委会的官员该怎么帮助受损的农民，那位官员回答："根据我们的统计，云林、彰化、高雄，他们都没有达到我们所谓的天然灾害救助办法的标准，比如说云林要达到1亿8 000万，事实上，三个地区加起来损失差不多两千多万而已。"各位一听，就知道他为什么被K了，只怪他多讲了"而已"两个字，如果他讲"三个地区加起来损失差不

多两千万，没达到救助标准。"怎么可能有问题呢？

各位千万别怪这个官员笨，要知道我们很多人都有这种"多说半句废话"的毛病，而且往往因为那半句废话出问题。

举个我自己的例子：有一天，我跟朋友约好中午碰面，因为办公室忙，出门晚了些，对方着急了，又不知道我的手机号，就打电话到办公室。电话是秘书接的，她说："刘先生早出门了，应该在路上，马上就到了。"你说她不是答得很好吗？偏偏她画蛇添足，又加一句："刘先生很忙的！"朋友一听就火了，回一句："他忙？我不忙吗？"跟着就看我进了门，又把火发到我头上："你秘书说你忙，好像你迟到有理似的，你要知道我也很忙的！"

再举个大家常碰到或常犯的毛病：你是职员，老板问你："今天客户一共叫了几箱货？"平常一天有100多箱，那天特别少，只叫了10箱。你是不是很可能答："报告老板，今天只叫了10箱！"你一定觉得这样说没什么错，但我要很郑重地告诉你：如果你只是个小职员、小主管，你就错了！你最好不要说"今天'只'叫了10箱"，而应该说"今天叫了10箱"。除非你是合伙人、大主管或老板娘！我还得叮嘱你：就算你是大主管或老板娘，你最好也说"叫了10箱"。为什么？

因为你不是老板，你应该先客观地把事实数字告诉他，下面他要跳起来或大吼："什么？才叫10箱？怎么搞的？"那都是他的事，你没资格用你的主观去影响他。

没错！你不能影响他！心理学上有个实验：给许多人看一段车祸的影片，一个一个分开问他们车祸的情况。当问的人用"请您回忆一下那意外的情况"，或"请您回忆一下那车祸的情况"，又或者"请您回忆一下那惨剧的情况"，因为使用"意外"、"车祸"、"惨剧"等不同的词，会造成答话的人很不一样的形容。

我们都认为小孩最诚实了吧，但如果你让一个陌生人在幼儿园教室里走一圈就出去，然后问小朋友对刚才那个"好可爱的叔叔"或刚才那个"怪叔叔"的印象时，也可能得到很不一样的答案。为什么？因

为你给了他们引导。

同理,当老板问你情况时,你要先冷静、客观地回答,不能先加入自己的好恶意见。平常客户一叫货,就是100箱,今天叫10箱,跳不跳起来、冒不冒火,或要不要哭、要不要开会检讨,那都是老板的事,你要交给他去思考。

或许你说你就是老板,也有这样的职员,你不觉得不好,甚至觉得职员这么说是跟公司一个鼻孔出气,是荣辱与共。对不起,你错了!要知道,当小职员说"某某讨厌的客户今天来过"或"某某分店今天才卖了三样东西"时,他显然是帮你这个老板反应,甚至要指导你反应,好像说完就要看你露出厌恶的表情或火冒三丈。对一个有纪律的公司,对一个领导者,或需要作出正确判断的领导阶层,下属都应先提供客观事实。

同理,记者作新闻报道也必须客观。发生了凶杀案,在嫌犯没被判决有罪前,你不能称他为"杀人凶手",只能说他是"嫌犯",否则就可能是新闻审判。

  与人交谈要努力做到语言精练，不适当的话不要说，否则，当听者的情绪波动较大时，请不要怪听者的反应不佳，那是因为你在主观上引导了他的情绪。

  距离太阳系最近的一颗恒星也42光年。无论是其他天体之间，还是其他天体与地球之间的距离都很远，人们可能根本无法测量。

失足引起的伤痛很快就可以恢复。然而，失言所导至的严重后果，却可能使你终生遗憾。

——托马斯·富勒

鉴宝台上的口才秀

巩崇吉

近日观看河南卫视"华豫之门"鉴宝节目，欣喜地发现鉴宝专家大多谈吐不俗。他们的即席发言，时而妙语连珠，时而语惊四座，如另类珍宝异彩纷呈，魅力四射。现采撷（jié）吉光片羽与诸位共赏。

一语双关说瓷扇

四川小伙子徐文中带来两把瓷扇，当鉴宝专家得知他是花了两万多元买来这两件"宝物"时，便直截了当地说："那么我可以称你为慈善（瓷扇）家了。第一，你是收藏瓷扇的，所以叫'瓷扇家'。第二，你买的价钱有点那个了，钱嘛，做慈善事业了，所以称你为'慈善家'。"

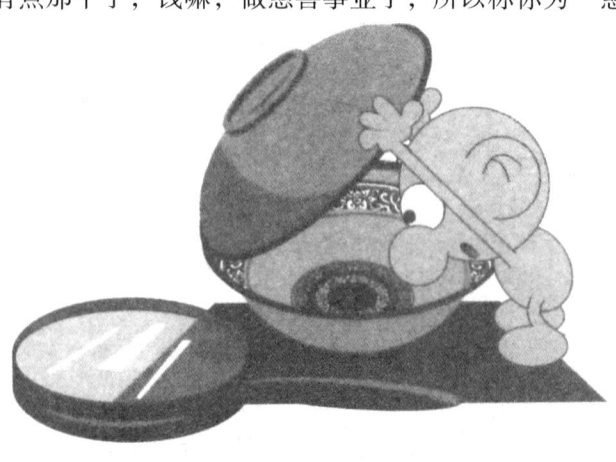

绕着弯子鉴宝碗

北京靓妹王琳,所持宝物是大清雍正年间一对矾(fán)红卧足碗。专家鉴定宝物时,二人随即展开了似乎不着边际的对话——

专家:"小姑娘,这件宝物的主人是你什么人?"王琳:"我父亲。"专家:"你父母有几个孩子?"王琳:"两个。"专家:"男孩女孩?"王琳:"我们是两姐妹。"专家随即打趣道:"正好,宝碗也是两个。将来让你父亲一人给一个做嫁妆。告诉你,这是清雍正时期的官窑真品,价值不菲——恭喜你登上第×号珍宝台!"

别出心裁评佳"书"

另一持宝人带来了一件康有为的书法,上写"诗酒尚堪驱使在"几个大字。专家鉴定后说:

"康有为的字跟他的名字一样,响当当,很'有为',具有长枪大戟(jǐ)任意驱使的力度。书法藏品的含金量和作者的名气是成正比的。这幅作品的字不多,但神采飞扬,表现力极强,很能代表康有为书法的风格特征,其价值不仅仅是一字千金。"当主持人问"名人书法"和"书法名人"有什么不同、康有为属于哪一类时,专家爽快地解答:"名人书法是其他领域出名,写出的字不太专业;书法名人就是以书法为根基出名的。康有为的书法兼两者之长,因而市场潜质很大。"

一语双关是一种颇有意趣的语言技巧,往往能语惊四座,言语中体现了谈话者敏捷的才思,渊博的知识,良好的文学素养,更能令人回味无穷。

> 以坦诚的精神，透明度和声望，建立别人对自己的信任度。
> ——杰克·韦尔奇

于有声处听惊雷

东东枪

鲁迅在诗中说"于无声处听惊雷"，李敖却曾反其道而行，说要"于有声处听惊雷"。乍看只是反说，细品却又不止如此：鲁迅说自己是于无声处闻惊雷的听者，数十年后的李敖却是要把自己化作那惊雷，叫世人都听听他那振聋发聩（kuì）的惊雷之声。

无声之处必有惊雷么？怕不尽然。"不在沉默中爆发，就在沉默中灭亡"也是鲁迅所说，可见沉默并不一定代表爆发，无声并不一定暗藏惊雷。消极忍让、默不作声，有时只能让困厄愈发窘迫，让丑恶变本加厉。而即便是无声处暗藏惊雷，如鲁迅般能从无声处听到惊雷的善听者也不常有。自古至今多少惊雷都于无声处白白暗哑，却无一人听见。万

马齐喑（yīn）之时，凭空翘首盼望能有人听到雷声滚滚，无疑是痴心妄想。觉得只消无声便有惊雷的，是迷信沉默；认为无声处的惊雷必有人可闻的，是迷信未来。

世人皆知，幸福不会凭空而来，好运也不会从天而降。同样，光明、希望、公理、正义这些东西亦是如此，它们从来不是可以坐等来的。历史上那么多的志士仁人，为了自己的信仰而执著奋斗，如之前热映的电影《十月围城》中舍生取义的大人物、小人物们——他们正是于有声处发惊雷之声的典型——因为他们知道，惊雷虽可以酝酿于无声之处，却终究要靠一声炸响、一道电光，才能惊醒世人。不如此，就只能埋没在喧嚣之中，稀释于沉寂之内。如果套用北岛的名句，这就叫：惊雷是惊雷的通行证，无声是无声的墓志铭。

其实，鲁迅先生虽曾写下"于无声处听惊雷"这样的名句，却更出版过一本警醒无数国人的小说集。那书名只有两个字，却实在不容轻视，细究起来，正是希望世人都能以一己之力，齐发惊雷之声的意思。那两个字是——"呐喊"。

是的，要相信自己的力量，相信呐喊的力量——不发吁天之声，难成动地之势。沉默非是上策，惊雷还须有声。

惊雷孕育于无声之处，但终须一声爆发才能震撼世人，沉默虽然是一种力量，但是亦不能在沉默中销声匿迹，如果隐忍退让是纵容丑恶，那么何妨炸响惊雷，惊醒世人。

社交的秘诀，并不在绝口涉及事实，而在于即使说到真实面，也不至于触怒对方。

——荻原朔太郎

倒叙生花

康家珑

说话也存在着结构安排问题，既可以按顺叙说，也可以用倒叙说。用倒叙说话，可以构成悬念，掀起波澜，极大地吸引听者的兴趣。

一　结局前置

常规说话顺序是先谈事件的发生、发展，最后谈结局。而"结局前置"，则是先说结局。有人在介绍以色列一桩绑架婴儿的真实案例时，就用了"结局前置"的方式开讲：

以色列海法市丹尼尔农场的一名农夫到地里收摘西瓜，突然听到一个大西瓜里传出婴儿的阵阵哭声。他小心地割开西瓜，发现里面竟是农场主丹尼尔两天前失踪的儿子尤里。

这样奇异的开头，让人产生了无限好奇：婴儿为何在西瓜里啼哭？婴儿是怎样进到西瓜里的？为解开这些谜团，听话者只好耐心等着说话者娓娓道来。

原来事件有着这样奇特的缘由：农场主丹尼尔将婴儿尤里交给保姆莎拉照看。莎拉与男友密谋，想绑架尤里，索要赎金。为了将尤里偷带出门，莎拉将一个特大西瓜挖空，然后把尤里放在里面，并留下了供他呼吸的小孔，最后再用粘胶把西瓜皮粘好。随后，莎拉把西瓜送到瓜地，并通知男友将西瓜取走。没想到，男友因偷车被抓，无法前来取瓜。两天后，一农夫收摘西瓜时，听到西瓜里传出婴儿的哭声。农夫打开西瓜，发现里面正是失踪的婴儿尤里。

这里，说话者用奇特的结局——一个西瓜里传出婴儿的哭声——开头，巧设悬念，吸引了听者的注意，使之有兴致听下去。如果说话者不用超常规的倒叙，而是采用常规的顺叙，那么话语的吸引力就会大打折扣。

二　目标后置

人们在谈论如何实现目标时，按常规总是先提出目标，后阐述如何实现。而"目标后置"则是先谈如何实现，后说目标。有这样一则《别有用心》的故事：

一男子夜赴女友家。男子对女友说："亲爱的，你不介意我关掉走廊上的灯吧？""不。"她低声回答。于是，男子关掉了走廊上的灯。"你不介意我再关掉房间里的灯吧？"男子接着说。"不。"她羞答答地说。于是，男子又关掉了房间里的灯。"亲爱的，我连桌上的台灯也关掉，好吗？"男子欢欣地问。"好的。"女友的头埋得更低了。当黑暗笼罩四周时，男子得意地说："亲爱的，瞧瞧我手上的夜光表，你看它值不值两万元钱呢?"

男子诡异言行的目的是要向女友炫耀这块夜光表。为达到炫耀的目标,他没事先告诉女友这块表有多么高级,而是先说些"有助于实现目标的信息"——一步步关掉所有的灯——并以此诱发女友产生错觉,使她的注意力发生转移,情绪发生变化。当电灯全关上后,男子所要执行的行为,却是要向女友展示夜光表。如果男友按常规顺序,先说"我有块高级夜光表",再一步步问女友"是否可以关灯看表",那么,男友曲折波澜、幽默风趣的谈话效果也就荡然无存了。

三　先宾后主

常规说话顺序是先说主要谈话信息,后说次要谈话信息。而"先宾后主"则恰恰相反。

有位广告专业的毕业生去求职。他来到某报社,向总编询问:"请问你们需要编辑吗?"总编摇头说:"不需要。""那记者呢?""也不需要。""印刷小工呢?""目前不缺。""那你们一定需要这个。"说着,毕业生从包里取出一块牌子,牌子上面写着:"额满暂不雇用。"总编一看,笑着说:"如果你愿意,请到我们广告部来吧!"

这位毕业生需要的信息其实是报社广告部是否缺人。按常理,他与总编谈话时最先询问的,应是广告部是否缺人,只有遭到否决后,才会再问其他岗位。但如果他真按这个次序说话,那么他出示的那块"额满暂不雇用"的广告牌,即使做得再好,总编也会拒绝。然而,他一反常态,既使用了有新意的"亮牌"办法，又采用了"先宾后主"的说话方法，使求职叙述有波澜、有新意。正是这种创新性，才让总编对他的看法产生了大转变。

叙事顺序的倒置常常能激发人的兴趣，引人注意，使文章文采飞扬，内容更加曲折波澜，幽默风趣，颇有新意，像诗般意蕴深远，如酒般芳香清醇。

当彗星远离太阳时，我们是看不到彗尾的，只有在彗星接近太阳时，才长出"尾巴"来。而且越接近太阳，其尾舒越长，并且彗尾的方向始终背离太阳。

原谅他人的错误,不一定全是美德,漠视自己的错误,倒是一种不负责任的释放。

——三毛

现在流行"控"

方　力

两个人见面聊天,"你有什么兴趣爱好?"这种说法早out了。"我是'星座控',你是什么'控'呢?"这才显得够酷嘛。最近,网络流行语"控"一路风行,和它一样很潮很流行的词还有"萌"。这两个很时髦的词统统来自日本漫画,代表的意思和用法,与汉字的本义相差十万八千里。

"控"是个万金油后缀

你是啥"控"呢?简单地说,"控"就是对某些东西超级着迷、疯狂爱好。比如说你喜欢穿高跟鞋,然后买了N多高跟鞋,还是觉得不满足,继续买,继续穿,那么,你可以被称为"高跟鞋控"。再比如说,某MM超爱格子花纹,买了N多格子衬衫,那么她也算得上是一个"格子控"了。

"控"的源头,出自日语"コン(con)",取英文单词complex

（情结）的前头音，指极度喜欢某种东西的人。"控"可以加在五花八门的名词或动词后头，差不多是个万金油后缀。在名词后加上即是"很喜欢某物"，在动词后加上就表示痴迷于该行为。这跟中文里"控"的意思完全不是一回事。

"控"为什么这么红

知道"控"现在有多红吗？很多年轻人一般不说我有发呆的兴趣爱好，但是可以冠冕堂皇地说我是"发呆控"。让人喷饭吧？百度"控吧"里，一帮"90后"的小朋友说，如果答不上来自己是什么"控"，就感觉自己没了个性标签。

所以，如果两个"90后"相识时有如此开场白，你可千万别晕倒——"我是标准的'睫毛控'、'面条控'、'袜子控'，非典型的'学院风控'、'包包头控'，你是什么'控'？""我是'魔兽控'、'蹭饭控'、'星座控'……"

"控"跟以往的兴趣爱好、癖好、粉丝、痴迷之类的意思差不多，无非就是换了件马甲。"兴趣爱好"充满了20世纪80年代的陈旧气息，

"癖好"多少有些贬义,"粉丝"关注的是他人,"迷"有点小温柔却不够冷峻。只有"控",够酷,够帅,有一种强烈的动感,在音节上更有一种不容分说的权威感和自尊!这是"90后"等网络人群的特殊认知。

有人问蔡康永最怕什么事情?他回答:"最怕平庸。"每一个"××控"心里头是不是也动着这个小念头呢?有人打趣说,茫茫人海之中,得找一件最特别的事物来"控",否则如果失"控",那人生将多么无趣。这也可以解释,为什么"控"这么红了。

"控"是一种现象,是网络流行的一种产物,是人们不甘平庸的体现。平庸与低调不同,是平淡无奇,是庸俗无聊,而现代的新新人类都希望自己与众不同,希望自己强势冷峻,没有人乐于无趣,这就使得"控"爆发于网络之中。

彗尾的长度通常有数百万至上千万千米,宽度有数万千米。彗星尽管有如此庞大的体积,但是它的质量却很小。一个比太阳大数万倍的彗星,其质量仅及太阳的数亿分之一。

君子不失足于人，不失色于人，不失口于人。

——《礼记》

我为什么说我不是读书人

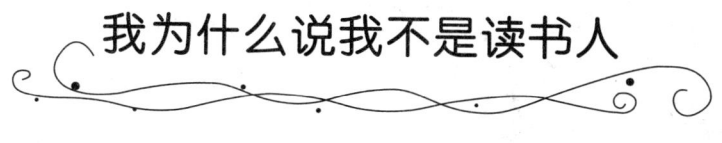

陈丹青　刘　瑜

我说我不是读书人，第一是老实话；第二是有点儿在说反话；第三是有点儿在说气话；第四是有点儿沮丧。但是，最后我要告诉大家，我说我不是一个读书人，是想给书和知识保留最后一点诚意和敬意。

作为"深圳读书月"的嘉宾，陈丹青在深圳图书馆举办讲座，吸引了众多的读者——以致后来者只能在报告厅之外隔墙聆听。

实话　我确实不是读书人

陈丹青："'读书月'请了很多国内著名的学者、教授，他们真的都是读书人。我就是一个客串的，我和人家说我是读书人，这句话我说不出口。"

陈丹青说自己不是读书人的根据首先在于学历——"一个高小毕业生到处跟人说我是读书人是很猖狂的事"。陈丹青是1966年的小学毕业生，1969年的初中毕业生，然而那时无书可读。当时的书店和菜场一样的，没有多少菜，还要凭票。那是个极度匮乏的年代，可是总有一些意外发生。

"抄书、偷书、借书、还书，是我们青少年时代大约有过一点求知欲的青年共同的记忆。"陈丹青列出了那时只能算文学青年的"我们这拨人"的书单，有俄国的普希金、托尔斯泰，美国的杰克·伦敦、海明

威,法国的巴尔扎克,英国的狄更斯、哈代等。到纽约后,近三十岁的陈丹青才开始读本雅明、叔本华这些人的书,还不大看得懂,"这些书都应该在很年轻的时候看,到三十多岁时就有分析能力了",而让陈丹青"自卑"的是,北大、清华的年轻老师基本上都是十几岁就开始看这些书,记忆力好、概念清楚,"我一个年纪比他们大二十多岁的人站在他们面前,怎么好意思说我是读书人?"

反话、气话读书不能弄成一种身份

陈丹青:"读书是一件很安静的事情。要是论教养,你真的是读书人,你就不要讲出来,你不要告诉人家你是读书人。你读书也好,画画也罢,不能弄成一种身份。"陈丹青说,这是他到国外才学会的,他发现国外很"牛"的人都害羞得要命,躲着不讲自己挺在行的那些事。

"出国之前还没有人当面和我说'我是读书人、我是知识分子',回来后听到不少人会跟人说'我是做学问的,我是艺术家,我是雕刻家,我是诗人,我是作曲家'等等。我很害臊,这怎么好意思说出来?也不知从什么时候开始变成了一种风气,一种身份。"

在说明读书的"教养"问题时,陈丹青举了陈寅恪(què)先生的例子。"陈先生周游列国,至少通晓二十多种语言,可是他在清华填表时只填了两种通晓的语言,梵语和德语。在香港逃亡时,日本人到他家里要挟他出来做事,他不肯,日本人就要行使暴力。当时楼里有很多人,他突然站出来和日本人交涉,说的是很流利的日语。他的家人都不知道他的日语这么好。但是不到万不得已,你都不知道他会讲日语,这就是教养。"

沮丧话　经济能否衡量读书人的地位

陈丹青:"我说我不是读书人,不是为我自己沮丧,而是为整个被叫做读书人、或者自称读书人的群体沮丧。"陈丹青举荐韩寒最近的一篇博文《文化大国》,韩寒从中国的富豪排行榜中发现,绝大部分富豪是搞房地产业的,没有一个是出版商、文化人。据说全国出版业、书业、书市一年下来核算利润,根本比不过随便一个房地产商。

"中国今天真正有权力的有钱人是哪些人?文化人、做书的人、出版人根本别想比。我在国外见过很多媒体大鳄,见过做书的人,虽然也不是非常了不起的大富豪,但是在经济格局当中绝对有地位,更不要说好莱坞这样的电影产业。为了改变这个现状,韩寒说他要办杂志、他要给出全中国杂志中最高的稿费,他说活得太没尊严了。我们拭目以待,看看他办得怎么样。这里有一个问题,经济是不是衡量读书人地位的标准?你可以说是,也可以说不是。韩寒是畅销作家,他有资格这么说。但畅销作家和作家是两个概念。"

书话　一本好书会让我安静下来

陈丹青:"我读书实在是少,但是在我读过的书当中,它确实有告诉过我,你知道的非常少,你还有非常多的不知道……因为所有书教会我的就是一件事情——你不要自以为是,你要自以为非。"

在说了关于"读书人"的实话、反话、气话、沮丧话之后,陈丹青最终仍然表示对书、对阅读充满感激,"一本好书会让我安静下来,会让我有内心生活。我每天爬起来,出去都是应酬、都是谋生、都是作假,但是片刻的宁静都是读书带来的。法国人蒙田说过一句话,大意是人类一切灾难在于人回到家还安静不下来。我很庆幸我没有变成在自己的房间里面安静不下来的人。这和我这么多年多多少少读书有很大的关系。书最大的好处是能让你安静下来。"

陈丹青推崇弗吉尼亚·伍尔芙的《一个人的房间》,他说:"若以书而论,每本书都会变成你自己的房间,给你一个庇护,让你安静下来。"

读书是心灵宁静之旅,是远离喧嚣的快乐,是感受知识的浸染,是品尝学习的充实,是皎皎月光温柔不炽烈。读书不要带有任何功利目的,功利只不过是其附加值而已。

> 一个人怎么说话，说什么话，毫无例外地显示着他的品味。
> ——希尔顿

穷寇宜追

徐 品

中国人的智慧确实很有意思，就像孙子那么有名的大军事家，有时竟也会弄出看似聪明、实际愚蠢的主意来。

你看——他在《孙子兵法·军争篇》里这样说过："穷寇勿迫，此用兵之法也。"翻译过来就是"兔子急了会咬人"，所以还是千万别逼急了它为好。

也许是受到"中庸之道"的影响太深，古人做事情都喜欢寻找一个平衡，最好是得饶人处且饶人。但是，这些其实都是理论上的"推演"，放眼于现实当中，除了那个傻兮兮的霸王，没有一个看到"穷寇"不往死里追的！所以，把"理论"当成了实际的他，最后只能空费了"力拔山兮气盖世"的豪情，无奈拿刀抹了自己的脖子。

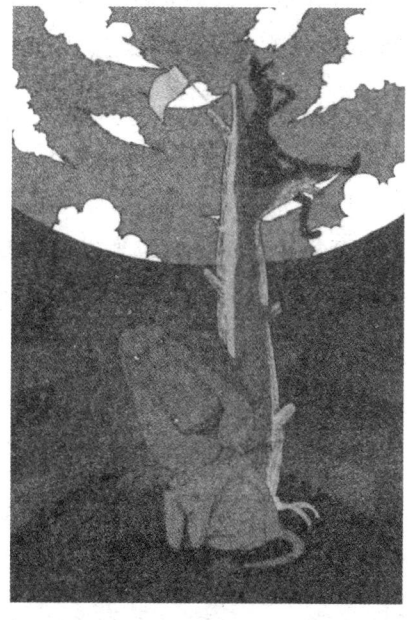

不知道巴顿将军读没读过《孙子兵法》，但是他有句著名的口号却和老孙相反，那就是"进攻、进攻再进攻"。

看来，西方人讲究的是实际效果，而不是寻求什么虚幻的"平

衡"。

遥记当年，当百事可乐得知可口可乐要推出一种新的产品配方时，他们便采取各种各样的方式对其进行打击。而事实上，可口可乐更换百年配方让很多忠实消费者很失望。百事可乐马上抓住这一点，投入了600万美元的广告费来刺激消费，对焦头烂额的可口可乐穷追猛打，结果把可口可乐的消费者都拉进了自己的阵营。

其实，中国的民间还是有大智慧的。有一句俗话就比孙子说得实在，叫"痛打落水狗"。确实，因为放虎归山，必定后患无穷，所以当决定开始攻击时，就应当做好"毕其功于一役"的准备，要把握好最大的优势，要给对手最大程度上的重创！前思后想、留有情面，必然会遗有后患，因为你的对手一旦种上了"牛痘"，就会不再怕你的"天花"。

如果不趁着疯狗掉进水里的机会痛打，当它爬上岸时，疯了的恐怕就是你了。

狗急跳墙，穷寇宜追！

古人讲求得饶人处且饶人，这种中庸之道其实也不是万能的，在竞争之中如若给对手留有余地则是对自己最大的残忍，因为这就是将生的权利给了他人，将死的危机留给了自己，因此在竞争中要抓住一切机会将对手制服，不要留有后患。

彗核主要由石块、铁、尘埃、氨、甲烷和大量冰块组成，直径很小，只有十几千米，最小的只有几百米，结构疏松，充满孔洞。

> 相信智慧，那您就会永远立于不败之地！
>
> ——高尔基

百搭和混搭

磊 子

"你们要对汉语充满敬畏。"我大学时的古汉语老师总这样威胁我们。他上课喜欢找人对诗，还让我们抢答，抢来抢去往往出乎意料。他说"孤帆远影碧空尽"，有人对"轻舟已过万重山"；他说"小楼一夜听春雨"，有人对"笑问客从何处来"；后来他急了，咬牙说"落花时节又逢君"，就有人敢对"正是河豚欲上时"，老头拍着手里的黑板擦厉声说："河豚个屁，那是最后一句。"

这事儿有点控制不住了，大家纷纷往不靠谱上对，最后所有的诗都

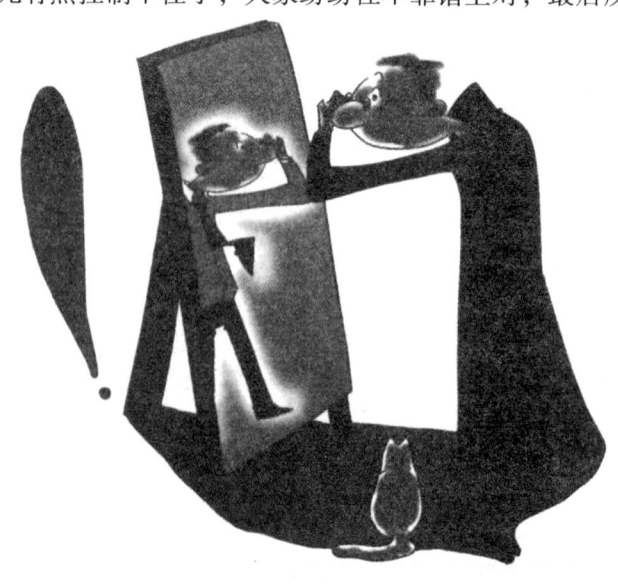

对"一枝红杏出墙来"——"两岸猿声啼不住,一枝红杏出墙来"、"老夫聊发少年狂,一枝红杏出墙来"、"独在异乡为异客,一枝红杏出墙来",满堂尽是春意,老师崩溃不已。

后来我才知道,我们误打误撞找到了传说中的"百搭句",这句"红杏"对什么都朗朗上口,可谓是最好的万能句型。不光是七言,还有人研究出了最好的五言百搭,那就是——"自挂东南枝"。这一句出自《孔雀东南飞》,原文是:"府吏闻此事,心知长别离。徘徊庭树下,自挂东南枝。"基本上所有的五言都能一网打尽:"空山新雨后,自挂东南枝"、"事了拂衣去,自挂东南枝"、"红豆生南国,自挂东南枝"、"北方有佳人,自挂东南枝"……"你再不理我,我就自挂东南枝",几乎成了流行语。

有好事者在天涯征集搭错的古诗,随手抄几句:"别人笑我太疯癫,我以我血荐轩辕"、"少年骑白马,绕床弄青梅"、"青山依旧在,只是朱颜改"、"出师未捷身先死,野渡无人舟自横"、"但使龙城飞将在,六宫粉黛无颜色"、"一骑红尘妃子笑,前度刘郎今又来"……

最穿越的案例出自我的大学,一日宿舍联句,得一上句:"武二郎飞夺泸定桥",沉默片刻,有人幽幽对曰:"杜十娘怒沉八宝粥。"笑到泪眼婆娑(suō)。

故事中的百搭和混搭诗句让我们不禁为之捧腹,但是仔细回味不难发现其中的道理,这些所谓的百搭句、混搭句读起来都朗朗上口,正是因为这些诗句的格式用词都最为工整规范,才能被称为最佳万能句。

作演讲,不应以长度充数,而应以深度服众。

——孟德斯鸠

论辩也借"东风"

陈杰瑞

小说《三国演义》中有一段脍炙人口的"借东风"故事,诸葛亮巧借东风抓住战机,一举打败曹操。其实,在论辩时,巧妙运用"借东风"的技巧,乘风托势,巧言置辩,一样可以取得克敌制胜的效果。至于"东风",可以这样借——

就地取材,借用身边事物

我国明代著名的思想家王阳明主张"心外无物"。在他看来,人心是整个世界的本原和主宰,天地万物都存在于人的心中。有一天,王阳明和朋友登山观景,一路上他都滔滔不绝地谈论自己的哲学思想。

王阳明说:"凡是人们心中没有想到的东西都是不存在的,就说这

些大树吧，它们之所以存在，就是因为我们看到了它，心中想到了它。否则，它就不存在了。"

王阳明正谈得兴致勃勃的时候，不料被一块石头绊了一跤，自己的帽子滚落到山下去了，于是他扫兴地说："真倒霉，没想到被石头绊了一跤。"

王阳明的朋友眼前一亮，想到了辩驳他的方法，于是含笑问道："你没想到石头，石头怎么会存在呢？可见还是心外有物呀！"

看着绊倒自己的石头，王阳明顿时无言以对。

顺水推舟，借用论敌言论

一位中国女律师在美国洛杉矶作题为"中国投资环境及其法律咨询保护"的演讲时，一位美国记者别有用心，以挑衅的口吻发问："据我所知，你们中国根本无法律可言，你从哪儿变出这么多法律条文的？我听到很多中国人自己都说中国根本没有法律。"

在凝重的气氛中，中国女律师微笑着反问道："先生，您知道美国法院的书架上有多少判例吗？"

对方摇头说："不知道，我不是法官，也不是律师。"

中国女律师接着说："那您一定知道在这些判例之外，美国已经制定了许多成文法了？"

对方点点头:"是的,美国制定了许多成文法。"

中国女律师说:"这正是您提出问题的答案。作为判例法体系的美国,随着社会发展还在不断制定成文法。外国人过去没有去中国投资,当然不需要投资法。从中国对外招商引资之时,我国与之相适应的各种投资法就不断被制定出来……用我们中国人的话说,叫做'应运而生'。"这时,场内响起一阵掌声,美国记者十分尴尬。

巧用例子,以他人言论的缺陷驳倒他人是很多人都喜欢用的方法,因为,这是反驳他人言论、化解他人责难、救自己于危机之中的最佳方法,还能彰显自己的风度和睿智。所以,言谈之中也可以巧借"东风"。

要学会演讲，就必须固执地、一个劲儿地让自己出丑，直到娴熟为止。

——萧伯纳

射人先射马：论辩获胜的法宝

江北水城

1. 射对方论点这匹"马"

一次，南开大学请著名作家刘绍棠去作报告。当刘绍棠讲到文学创作时说："每个阶级的作家都是有所为有所不为，即使是真实的东西，也是有所写，有所不写的。"有个女学生听后，写了一张条子："刘老师，您说作家要有所为有所不为，我不能苟同。请问：既然是真实的，就是存在的；存在着的，就应该给予表现，就可以写。"

刘绍棠读后，微笑着对这位写条子的女学生说："我想看看你的学生证，上面是不是贴着脸上长疮的照片？"

那位女学生无语应答。

2. 射对方论据这匹"马"

在审理高某伤害罪一案时，有这样一段辩论：

检方说道：相貌对一个人的重要性不言而喻，试着想想，如果一个人的相貌被毁，他在生活中会遭遇多少嘲笑？他可能找不到工作，谈不了朋友，而这个罪魁祸首就是高某，他伤害常某鼻梁面积竟达脸部面积的六分之一！这已经构成了伤害罪。

被告律师立刻反驳道：原告鼻梁上的红肿处大小，只有一平方厘米。鼻梁上以左右两眼为界，鼻下为上唇，左右为面颊，原告鼻梁四周均无异常变化，完好无损，鼻梁红肿的一平方厘米向上下左右都不能扩展。如果承认这个说法，那么被害人的脸也只能有六平方厘米这么大，怎能令人相信呢？

3. 射对方论证方式这匹"马"

苏东坡的《志林·记与欧公语》一文里，记载了苏东坡与其师欧阳修的一段辩论：

欧阳修：有一个病人，因为在乘船时遇上大风，受惊吓而得病。医生就拿来多年的舵把，上面浸透了舵工的手心汗，刮下细木屑，加上丹砂、茯（fú）神等药，为他治病，喝下去就好了。《本划·别药性论》上也说：止汗用麻黄根节，以及旧的竹扇子刮末入药。可见，中医以意用药，初看很像儿戏，但也很灵验。

苏东坡：照这样说来，用笔墨烧灰给读书人喝下去，不是可以治昏聩（kuì）的病了吗？推而广之，那么喝一口伯夷（孤竹之子，与其弟互相推让王位）的洗手水，就可以治疗贪心病；吃一口比干的残羹剩汁，就可以治好拍马屁的毛病；舐一舐刘邦的勇将樊哙（kuài）的盾牌，就可以治疗胆怯病？欧阳修听后哈哈大笑。

想让你的口才更加出众，在辩论之中要想一招制敌，就必须抓住对方观点的漏洞和问题的关键，将对手论点的根基打散，才能在最短的时间内获得胜利。

作一场成功的演讲最重要的就是充分准备,没有准备就是准备失败,最好的准备就是时刻准备着!

——易书波

网络推手炒作秘籍

刘一手

一次偶然机会,笔者获得一本网络推手炒作秘籍,书中介绍了网络推手炒作"网络红人"的详细过程,堪称每位渴望成为下一个"凤姐"、"犀利哥"人士的最佳读物、葵花宝典。因为本人已不具备被炒作的资格,特在此献爱心,公布此文,以飨(xiǎng)诸位。

一、确定炒作对象。通常是人,其次是某种动物。因为前者更擅长与同类沟通交流,更容易引起关注,炒作一只受虐的猫或者英雄救美的狗都是可遇而不可求的。

二、炒作的对象外貌要极端,长得丢在人堆里一下都找不见的必须pass掉。要不貌如天仙,如后宫优雅;要不丑如妖怪,如凤姐、小胖。没有特色的帅哥辣妹,根本不具备炒作的潜质。

三、出身必须不平凡。越草根越好,最好家里穷得揭不开锅,然后抽着烟穿着混搭漠然行走于城市的广场,如犀利哥。如果有钱,最好是"名门豪族"之后,如"周公子"。

四、没有才艺不要紧,重要的是脸皮厚。要有万里长城般坚强的心理承受力,无论网友扔多少西红柿臭鸡蛋,都能笑靥(yàn)如花,如沐甘霖粲然面对。

五、不要说常识性的语言,不说则已,一雷惊人。凤姐说过"我经

常看的都是人文社会的书,例如《知音》、《故事会》"(详见凤姐雷人语录),只有突破常识(道德)的极限,才能表现出"非人"的才智。我们有专业的团队为炒作对象量身打造"雷人语录"。

六、要明知不可为而为之。越是长得丑的越要参加"选美",越是嗓音跑偏的越要参加"歌手大赛",越是不会跳舞的越要多摆S造型,以此来赚取曝光度和眼球。

七、要制造事件来推波助澜。从"凤姐征婚"到"凤姐整容",再到"凤姐参赛"这一系列的事件都是经过精心策划的,目的就是使受众保持对"凤姐"的热情关注,不断制造新的娱乐卖点,聚敛人气。

八、敲锣牵猴坐等数钱。在炒作对象成为"网络红人"之前,娱乐机构早已让其签下"卖身契"。她(他)将被机构包装打造成一只可供人娱乐的猴子,一举一动都要看主人的锣,为观众奉献着廉价的笑料,更为主人贡献着红彤彤的老头票。

准备好了吗?下一个网络红人就是你哦!

当网络这个虚拟的世界在全球盛行时,当网络使信息飞速传播时,我们不得不为这些炒作现象而反思。网络为这种丑陋的现象搭建了一个传播的平台,使大众的审美出现了审丑的趋势,这种丑陋颠覆了人们的审美习惯,"网络红人"利用了人们的反对与批判,使自己成为所谓的"红人"。

星云中单位体积的物质是非常少的,如果以地球大气的标准来衡量,星云中有很多地方几乎是真空的。但星云的体积非常庞大,一般的星云范围可达到几十光年。

演讲其实很简单,就是说平常话,身边事,真性情!

——易书波

卓行奇语再录

李兴濂 整理

章太炎填履历

章太炎旅居东京时,日本警察厅前来调查户口,交付表格要他填写。章太炎填写道:

出身:私生子。职业:圣人。年龄:万寿无疆。

我也吓你一跳

张作霖有早起外出遛弯儿的习惯。一次他走到拐角处,突然传来一声吆喝:"卖包子啦!"张作霖吓了一跳,大怒道:"把他抓起来,枪毙!"张作霖亲自执枪,砰的一声枪响后,小贩几欲瘫倒。张作霖得意地笑道:"你吓我一跳,我也吓你一跳。"

黄永玉巧借答

黄永玉的画不中不西,自成一派。好多人说看不懂他的画。他就举了一个例子:有人问毕加索:"你的画我怎么看不懂呀?"毕加索反问:"你听过鸟叫吗?""听过。""好听吗?""好听。""你懂吗?""……"

储安平的无奈

内战期间,储安平在《观察》停刊前无奈地说:"政府怕我们批评,而事实上,我们现在连批评政府的兴趣也已没有了。"

桐花芝豆馆主

刘半农善写打油诗,常署名"桐花芝豆馆主"。有人问他,这笔名缘何如此?刘半农笑着说:"桐子、花生、芝麻、大豆皆打油之原料也。"

两人分担

与张中行同在一个出版社的一位女编辑不小心丢了1 000元钱,十分沮丧。张中行得知后拿出500元给她说:"只当是你丢了500,我丢了500。一个人的不快让两个人分担,不是可以减轻一半吗?"

幽默是生活中姹紫嫣红的鲜花,是美妙动听的旋律,是芳香清醇的美酒,是意蕴深渊的诗篇。以乐观开朗的心态为土壤,以机智敏捷的才思为养分,在生活的土地上孕育出绚丽多彩的果实。

吉林市的这次陨星雨中最大的一块陨星被命名为"吉林一号"。"吉林一号"陨星重达1 770千克,是目前世界上最大的石质陨星。

每个人都有一张嘴巴,嘴巴有两个功能,一是吃饭,二是说话。但是要想吃好饭,先要说好话!

——易书波

英雄造时势

刘 文

俗话说:时势造英雄,英雄亦适时。人们习惯于相信,每到时代的危急关头,必定会有一个或者几个英雄横空出世。他们替天行道,如有神助,呼啦啦地就把历史翻到了新的篇章。

生活永远不是科幻电影,上帝怕也不会如此慷慨。英雄的一次次出现,与其说是巧合,倒不如说是他们那顶天立地的襟怀,造就了一个个熠熠生辉、被后人铭记的时代。

正可谓,英雄造时势。

那么,何谓英雄?

工具书上说,英雄有三种:一是本领高强、勇武过人的人;二是在某一方面有特殊才能的人;三是无私忘我、为国家和人民作出突出贡献的人。

英雄并不一定全是顺应时

代潮流的人:顺水推舟固然符合历史的发展规律,逆天而行又何尝不会开创一个崭新的时代?顺应民意自然颇受爱戴,但成为掌握真理的少数人一样值得后人称赞。曾经饱受非议的莫奈、凡·高最终将印象派发扬光大。牛顿定律贯穿了整个高中物理课堂,而当年观念新颖、无人理解的爱因斯坦一样会在考试题中出现——"不破不立",若是真正的英雄,又何尝会桎梏(zhìgù)于世俗的枷锁。纵使凭一己之力无法挽救历史的狂澜,但他们的名字,又何尝会褪色分毫。

许多人说,现在是一个缺少英雄的时代。

且看那揭露房地产泡沫、抨击中国经济现状的朗咸平教授,被誉为"公民知识分子"的车手韩寒,遭遇各种威胁仍锲(qiè)而不舍地揭露中国足球黑幕的李承鹏,他们总是在一片喧嚣之声里,揭穿浮华的假象——他们运用自身的影响力,在社会上努力发出最真实有力的吼声。

他们所说的并不是什么稀罕事,他们所做的,似乎也只比你我他多了那么一点点。但正是他们的勇气与坦诚,他们的呐喊与担当,铸成了英雄榜上那个光彩夺目的名字。

千百年来,"时势造英雄"像是一块遮羞布,所有的懒惰、懦弱、失败、放弃都可以用"生不逢时"作为借口。

狄更斯说:这是最好的时代,这是最坏的时代。时间滚滚而来,避无可避,从没有好坏之分。真的英雄,他们从不让外界因素束缚住自己的手脚,他们自有一种无所畏惧、舍我其谁的魄力;而他们,则必定可以在时代的背景上,印刻下自己指点江山、挥斥方遒(qiú)的飒爽英姿。

英雄造时势!相信自己可以扼住时代的咽喉,从一点一滴开始改变世界,这份舍我其谁的勇气,是我们生而为人的最大骄傲!

时间的长河滚滚而流,不会有任何的差别,也不会为谁而停留,真正的英雄不会为时代所牵绊,时代的变迁不会埋没他们的光彩,他们只会用自己的无所畏惧、顶天立地,立身于变迁之上,创造出新的辉煌时代。

知无不言,言不必尽

有口才能使你的雄辩滔滔，占尽上风。

——埃及谚语

艺术没有归宿

柴　静

吴冠中说从一开始就喜欢凡·高，一见就喜欢，在法国的时候，也是喜欢"强烈的东西"，可是回国以后，都走不通了，没有办法。

他说："我是画幸福的画家，其实更喜欢悲剧，过去一直喜欢悲剧，但是悲剧走不通，直到晚年，我慢慢地回到比较黑的、悲剧性的东西，仿佛又回到了我的童年。"

"代沟不是以时代来划分，而是以思想来划分的"

他在法国学画，老师如果说这个画"漂亮"，就是贬义词。

他说："徐过在的话，我要请他喝茶聊天。张大千来，对不起，不

见——我觉得话不投机，有代沟。"

学生让他讲讲。他说："漂亮和美不同，漂亮讲的是那个质感——细腻，美往往是造型艺术里面的独特性、构成美，这两个不一样。我觉得张大千的作品就是漂亮，潘天寿的作品是美，感人。"

他又解释说："代沟不是以时代来划分的，而是以思想来划分的。"

"反传统的目的就是想解放我们。"他写了《笔墨等于零》。这话很刺激，一动传统，一定惹人惊跳，他被骂得够呛。

他说："元明以后的时代，我觉得是落后的，无可非议地落后的，落后了怎么样来改变？要反传统，传统的东西必须要去掉一些。"

"探索性是科学"

他一边说反传统，一边反而建议要重画古人的画。很多人觉得没意义，再努力画也超不过古人，吃力不讨好。

他说这是剥皮见骨的拆解。

"我们现在要把西方绘画的要害和中国的要害找出来。就是把画后面的构架拉出来，把皮扒掉了，看它里面的构架究竟是什么样的，看骨头里面有几对，如果没有几对就不行。肱骨、股骨，是这些东西就要把它解剖开来，一幅画要从造型角度，用解剖学来给它剖析出来。"

他让学生临摹古人画时，也可以用铅笔、钢笔、油画笔等，不受任何拘束，就用自己的认识来画前人的东西。"好像我们写读书笔记。我可能看了《红楼梦》、《水浒》，我有什么感想，用我的看法来解释《红楼梦》、《水浒》，是这样一种读书笔记，是很新的一种看法。"

"创造生命完了，人就完了"

"真正的新是革新、创造、探索，不被旧的传统拖累，不被原来的权威所压倒。新青年就是要不顾一切地，只要是真理，就敢于谈新的东西，敢于否定以前的东西。"

所以他说："新旧之间没有怨讼，唯有真与伪是大敌。"

他说这些话的时候82岁,我们问他的苦恼,他说苦恼就是人都老了,各方面都老了,但是感情不老。

"我很痛苦,那么有一些老人呢,他们一样老了,心态却很平和,反正不搞什么创作,老了就去散一散步、走一走、坐一坐,但是我觉得很苦恼,人都老了,感情却不老、性格也不老,苦恼就苦在这里。"

他说他的恐惧:"不能创造了,人还活着,那怎么办,我就怕这个,我最怕就是这样,我觉得创造生命完了,人也就完了。"

"那边有许多野百合花"

他逝去了,我想起他在那天讲演中提到死亡,他说鲁迅的散文诗《野草》,中间有一篇叫《过客》,过来的客人。这个过客永远在走,走向未知,走向未来,很辛苦,很艰难。有一天,快到黄昏的时候了,他碰到一个老翁,就问这个老翁,前面是什么地方?

老翁说是坟墓。

他问,"坟之后呢?"

老翁说,"不知道。"

但他说老翁旁边有个女孩,她说:"不,不,不是的。那边有许多野百合花、野蔷薇,我经常去玩的。"

他逝去了,但他说过:"艺术永远在走,没有归宿。"

艺术的殿堂仿佛漂浮在云端,闪烁着绚丽的光芒,却满是迷雾围绕,仿佛触手可及,又让人膜拜。艺术随着时间的长河而流淌,却不为时间所束缚,它时而跃向前方,时而逆流而上,因为,艺术连接了过去和未来。

当新星爆炸时,恒星的体积会向外膨胀数千倍,亮度会猛增9个星等以上。通常新星爆炸后,恒星仅损失其质量的万分之一至千分之一。因而,可以说新星既不是晚年的恒星,也不是新诞生的恒星。

> 语言是心灵的镜子：一个人只要说话就是他心灵的镜子。
> ——塞拉斯

他山之石，不可攻玉

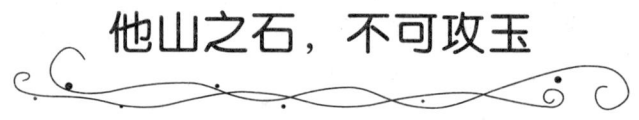

桑墨裳

先秦的祖宗告诉我们，他山之石，可以攻玉。

鲁迅先生也建议我们，拿来！

所以，从古到今，我们很容易被所谓的圣贤、专家、教授、过来人误导。

往年今时，大洋彼岸美国首发的次贷危机，通过"蝴蝶效应"的放大，演变成全球金融危机；金融危机将一个富裕的国家冰岛搞到破产。

戴眼镜的专家慌张地翻出故纸堆，说："他山之石，可以攻玉。中国经济接下来怎么走，我们来看看邻邦日本。"1990年的金融危机爆发后，日本陷入了长达15年的萧条期，经济停滞、企业经营困难。1999年，《商业周刊》甚至做了封面专题——日本，失落的10年！如今马上就快失落20年了，经济还是无甚起色——看看日本的首相一茬又一茬"割"得比韭菜还

快就知道了。

专家最后强调说:"他山之石,可以攻玉。日本的昨日,就是我们的明天。"

老百姓都被吓得一抖一抖的:想跳槽的,停下了脚步;想买房的,搁置了计划;想投资的,转存了银行。

今年今时,中国经济挺住了严峻考验,海内海外,全体国民收获信心;今年今时,房价狂飙(biāo),多少人捶胸顿足,悔青了肠子。

事实证明:他山之石,仅供参考,切勿照章执行。

所以,别让飞短流长的所谓"他山之石"扰乱你正常的生活步调。

买房的,别被耽误了,该出手时就出手吧!

跳槽的,别瞻前顾后了,该辞职时就辞职吧!

孩子们,别被纸老虎般的困阻给忽悠了,该奋斗时就奋斗吧!

经验有如一盏明灯常伴身旁,使人绕过陷阱,免于走上异途的危险。但是,他人的传授永远是他人的,人们不假思索地依赖,常常会扰乱了正常的前行步调,所以,要相信经验的作用,却也要学会跳出经验的掌控,才能创造自己的奇迹。

白矮星是光度较低、密度和湿度都很高的恒星。因为它的颜色呈白色、体积比较矮小,因此被命名为白矮星。

有思想而不表达，就等同于没有思想。

——李开复

水的智慧

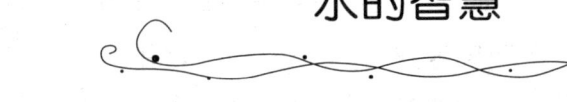

杨宝妹

一位年轻的商人在外出时被搭档出卖，导致人财两空，痛不欲生，决定跳湖自尽。他在湖边碰上了一位观禅静坐的智者，于是上前将自己的悲惨境遇逐一细述。

智者微笑着将他带回家中，令其从地窖（jiào）里搬出一块很大的方形坚冰。商人虽然百思不得其解，但还是照做了。

冰块搬出来之后，智者接着吩咐道："用你最大的力气劈开它！"

商人嘀咕着找来斧头，抬手便砍。他坚信自己这一斧下去，面前的冰块必定会四分五裂。却不料，如此猛烈的重击，竟只能在光洁的冰面上划下一道细微的印记。商人大吃一惊，又抡起斧头，用尽全力劈凿。

片刻后，对着掉落的冰屑，他终于气喘吁吁地摇头说："太硬了！这冰实在是太硬了！"

智者不语，将冰块放到屋后炉灶上的铁锅中煮。

随着锅内温度的升高，坚实的冰块开始慢慢融解。商人对于这个枯燥的过程，实在没有半点儿兴致。又过了许久，冰块终于全部融解完毕。水泡越来越大，发出"咕咚咕咚"的声音。

智者问他："你从中有所领悟没有？"

商人说："有些领悟了。我对付冰块的方式不对，不该用斧头劈，得用火烧。"智者摇头笑道："不够，不够。"

商人想了想，说："冰块变成水的事实告诉我，再强大的敌人也有它的弱点。"智者继续摇头说："不够，不够。"

商人面露难色，鞠躬请教智者。智者语重心长地说："我所让你看的，是成功人生里的三种境界——

"冰虽为水，却比水强硬百倍。并且，越是在寒冷恶劣的环境下，它越能体现出坚如钢铁的特性。这是成功人生的第一种境界——百折不挠。

"水虽为寒物，却有着一颗善良而卑洁的心；它从不参与争斗，自甘流向低洼之地；哺育了世间万物，却从不向万物索取。这是成功人生的第二种境界——周济天下。

"雾虽无力，却有着最为自由的本身；聚可成云结雨，化为有形之水；散可无影无踪，飘忽于天地之间。这是成功人生的第三种境界——功成身退。"

人心如水。之所以有能力悬殊、善恶不同、生死之欲，皆因各自境界不等罢了。

　　成功的人要有一种坚定的信念，即使处在毫无退路的悬崖、即使跌入万丈深渊，亦能坚忍不拔、百折不挠；要有一颗善良的心，处变不惊的气魄，得之坦然，失之亦能淡然；更要有一种超然的态度，不被世俗的观念所束缚，立身于名利追逐之外，只有拥有这些品质才是成功的智者。

　　目前人们已经观测发现的白矮星有一千多颗。天狼星的伴星是第一颗被人们发现的白矮星，也是目前所观测到的最亮的白矮星。

在一切使人喜悦的艺术中，说话的艺术占第一位，只有通过它才能使被习惯钝化的感官获得新的乐趣。

——卢梭

作家妙答"刁"问

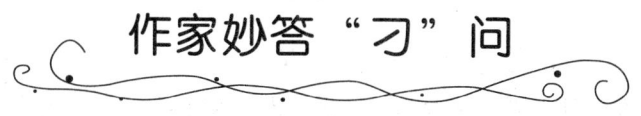

杨海亮

一般说来，作家善写而不善说。但是，也有不少作家不仅文采出众，而且口才一流。不管是在什么样的场合，他们都谈吐自如，极善辞令。

在这里，我们来介绍几位中国作家在面对别人突如其来的"刁"问时，所采取的妙语应对的方法，以供欣赏、借鉴。

刘绍棠：归谬反驳

著名作家刘绍棠到国外访问时，一位外国记者不怀好意地问："刘

先生，听说贵国进行改革开放，学习资本主义先进的科学技术和管理方法，这样一来，你们的国家不就变成资本主义了吗？"

刘绍棠反戈一击，笑道："照此说来，你们喝了牛奶，就会变成奶牛了？"

王蒙：空话回避

80年代中期，王蒙出任文化部部长。

在一次中外记者招待会上，一位外国记者问他："50年代的王蒙和80年代的王蒙，哪些地方相同，哪些地方不同？"

王蒙答道："50年代我叫王蒙，80年代我还叫王蒙，这是相同之处；不同的是，50年代我二十多岁，而80年代我五十多岁。"

沙叶新：妙引成语

有一次，沙叶新应邀出访美国，与美国社会各界进行了广泛的沟通与交流。其间，有人向沙叶新突发奇问："您认为是美国好还是中国好？"

他从容答道："美国虽然科技发达但有自身的弊端，中国虽然科技落后于美国但有自身的好处；美国、中国都有自身的缺陷，这叫'美中不足'……"一段话下来，紧张的气氛顿时变得和谐。

金庸：巧做比喻

多年前，有一位记者采访金庸时问道："听说，你把报业看做自己的儿女，现在你把它们卖了，这是不是等于卖了自己的儿女呢？"

这是一个两难问题，无论回答是与不是，都是极不妥当的。面对如此棘（jí）手的问题，金庸从容答道："不是卖儿女，是女儿出嫁了；女儿要出嫁，这是没办法的事。"

韩寒：大题小作

前一阵，韩寒在接受《南都周刊》采访的时候，刚刚用"我和郭敬明性别不同"调侃了郭敬明，如今，美国的媒体却把韩寒定位成了中性，大致评价是："人们都以为韩寒是用犀利的文字针砭（biān）时弊，事实上他不是，相反的，他只是乐意以杂文的渠道为同龄人抒写心中的不满"。

在美国媒体评价韩寒之后，中国的记者联系了韩寒，问道："美国媒体用'中国文坛坏小子'定义你，你怎么看这个称呼？"

韩寒轻轻一笑，说："这个是他们自己想的，事实上，我连中国文坛的门都还进不了。"

黄永玉：强势出击

老顽童黄永玉一直一派天真烂漫状、性情状、遗世独立状，穿牛仔裤，蹬时髦皮鞋，叼烟斗，开宝马，亮相时尚杂志封面，出场如江湖老大。他写了一本新书，叫做《黄永玉的柒柒捌捌》，书中有一段答记者问，很好玩——

黄永玉在躺椅上坐下来，握着他的烟斗。记者问他："80岁了，回顾这么多年来，最得意的事情是什么？"黄永玉双眼一瞪，手中的烟斗停在半空中，说："我有什么好得意的？!"

这时我就乐坏了，脑子里浮现出黄永玉写过的《最乏味的记者访问》——

记者："听说你素食？"
答："便宜。"

记者:"你的文学成就一流。"

答:我抄别人没注意的书。

言谈之中总暗藏无数刁难,使人无法躲避,亦无法正面一战,令人尴尬懊恼。这时,不妨巧妙地用一点烂漫的幽默,重新构架言辞,回避反驳,将紧张尴尬的氛围一带而过。

器官移植通常是将健康的器官移植到另一个人体内使之迅速恢复功能的手术,即将他人具有活力的器官移植给病人以代替其病损的器官。

作为演讲者站在讲台上,必须言行一致、理直气壮,必须表里统一、通体透明,必须心口如一、言而有信。

拍一拍身上的土

韩 寒

今天上午有朋友给我发短信说,我们的《刺陵》上线了,你有空去看看。今天下午有另外一位朋友给我发短信说,我们的《风云2》上线了,你有空去看看。于是,我去了电影院,买了一张《三枪拍案惊奇》的票。

不得不说,我对一个拍出过《活着》的导演还是抱有期待的,尤其当这个导演选择了一个这么土的电影名字,选用了这么土的一堆演员的时候,我以为他要反时尚地玩些什么。但看完后我发现,是真的很土!而且,我认为,他们的内心其实是奔着时尚去的,也许他们认为,这就是现阶段的时尚。

我猜想,这部电影的诞生是因为赵本山找到了张艺谋,两手拍一拍身上的土,坐在炕上说,艺谋,我们合作拍一个片子呗;你看,小沈阳他们这么红,你一用他票房也有保证,我这里演员也可以再往艺术的方向整一整。张艺谋说,这个好啊,整一个,我就喜欢科恩兄弟,这次我玩一个 high 的!

于是他们弄出了剧本,但是在操作的过程中,张艺谋开始担心了,这未免也太土了,必须要加一些年轻人喜闻乐见的时尚元素进去。于是张艺谋开始问身边的人,最近流行些什么啊?

张艺谋身边的人拍一拍身上的土说,最近流行"武林外传口味

儿",里面好多词都是网络流行词。张艺谋一想,网络好啊,这就是时尚。一思量,喜剧元素,西方元素,时尚元素,春晚元素,二人转元素,网络元素都齐了。于是,他们一头扎进大西北的土里开始拍这部电影。

看完以后,不得不说,小品有的时候就是小品,当你做到了电影的长度,它充其量也只是一个大品,依然不是电影。电视剧有的时候就是电视剧,当你用了电影的配置,它充其量也只是一个电视电影。从张艺谋对于高速摄影机的爱不释手,我可以理解为什么他固守着已经落伍10年的美术风格不放。我建议张艺谋和他的团队继续固守,千万不要多想什么与时俱进,说不定某一天,时尚的轮回还是会转到他们那里去的。

整部电影我给的分数是一分,这一分是对张艺谋放弃人海战术和片子中某些演员的表演还算不错的鼓励。这是一部比较适合在三线城市的县城里播放的电影。

看完电影之后,我唯一的感受就是:赵本山培养的演员都不大会走路。

所谓时尚不过是多数人吹捧的流行,而艺术则是随着社会的发展而不断进步的,这种进步不是肤浅地追逐所谓时尚的脚步,不是强硬地吸纳流行元素,而是在自己特有风格之上的超越和升华,在新的氛围中取其精华,去其糟粕。

20世纪70年代后,由于外科技术的进步,保存方法的先进,交通的高速发达,移植中心的的建立,尤其是利用免疫抑制剂控制各种排斥反应的成功,使器官移植取得了显著的发展。

> 聪明睿智的特点就在于，只需看到和听到一点，就能长久地考虑和更多地理解。
>
> ——布鲁诺

丑话说在后头

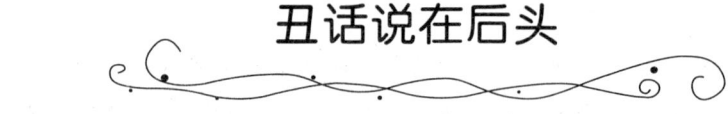

郁　程

"丑话说在前头"，你听，他又要说"丑话"了。

他并不是什么懦夫，可是每逢需要担当责任的时候，他总会先说一些丑话。是明哲保身，又或是不愿背负责任？这些都不重要。

你听他的言辞——

"哦，不行，交给我真的可能会不妥当。我只能说是尽力去完成，当然你得知道不管做什么都会有意外，不是吗？"其实他的言下之意很清楚：这事儿交给他，他无法保证一定完成。那么在完不成时，请你做好接受失败的准备，而他则拒绝接受完不成任务时要背负的责任。

赞美吧，这是多么伟大的生活智慧！事未启，先盘算丑话；说得越丑，待事后，则反衬之越美，此预防针之犀利真是妙不可言。练就事前说一席丑话的本

事，何愁无漂亮结果?!

　　人生于世，与人交际在所难免，而凭此通行证，定能畅通无阻、无往不利。

　　其实我们都了解，凡事皆有例外，承诺并不能保证事情百分之百地顺利进行，得到最终想要的结果。但这并不意味着可以凭此逃脱本来要背负的责任。奖有赏，过有罚，完成或者不完成，七分看人，三分看天。然而事情一旦开始，要的是一个能够从头到尾背负起责任的人、无论完成不完成——愿意对事情负责到底的人。

　　事前说丑话是一种智慧，却是一种低级的智慧。你的丑话说得越成功，则越是把你拖向无能。当我们一而再、再而三地掏出丑话，以此放低自己行事的标准，我们的能力只会不断退步——最终成为一个只会唇枪舌剑的小人，而非办大事者。

　　欲成大事者，绝不会于事前编排丑话，以降低预期结果；欲成大事者，雄心万丈，从不为失败找理由，只为成功鞠躬尽瘁（cuì）、死而后已；欲成大事者，再巧妙的丑话也留待事后说！

事前的丑话看似是一种智慧，是留有后路，是聪明的表现，事实并非如此，事前的丑话不过是逃避责任而已，不肯承担责任之人又能成就什么大业呢，最后只会坠入无能的深渊。因此成大事者，必须雄心万丈去面对，用尽全力去实现，更要敢于面对一切后果。

天文学上计算距离的单位有比光年小的，如天文单位，1天文单位就是地球到太阳的平均距离（14 960万千米），主要用于计量太阳系范围内天体间的距离；也有比光年大的，如秒差距（1秒差距相当3.26光年）、千秒差距、兆秒差距等。

学非有碍于思，而学愈博则思愈远，思正有功于学，而思之困则学必勤。

——王船山

不要把说理当成诡辩

徐贲

我的一位在国内某大学任教的朋友，在博客里记录了他参加的一场新闻传播系新生辩论赛，正方论点是"新闻自由有利于社会进步"，反方论点是"新闻自由不利于社会进步"。会后，他问反方的学生，是你们真的认为"新闻自由不利于社会进步"，还是抽签时，不幸抽到了这个论题？答曰，抽签抽到的。

我朋友说："那我对你们的遭遇深表同情！对你们抽到如此谬论的

辩题,还能努力为之辩护的行为,表示钦佩!不过,你们的辩论从头到尾几乎全是诡辩,全是歪理邪说、胡搅蛮缠,且不乏'文革'时期'四人帮'的法西斯专制的腔调。你们生于'文革'结束后的十几年,却与'四人帮'一脉相承,这让我感到震惊。"

对所有的"辩题"都有公共辩论价值这一点,我这位朋友表示怀疑,他认为,"究竟是'吃饭有利于身体健康',还是'吃屎有利于身体健康',本来是天理昭彰(zhāng),毋庸置疑","只有在一种情况下,吃屎可能有利于身体健康,那就是,吃屎的是狗"。

辩论是一种修辞,从古代开始,对修辞的语言使用,就一直包含着伦理的层面。有效说服他人的技巧、技艺或艺术,虽然是实用性的,但都要求有"好"的动机、对他人的"善意"、话语内容的"真实"。所以对演说家的定义是"善于说话的好人"。离开或背弃了这样的伦理价值,言论技巧就会成为一种"不正当"的修辞,一种为达目的可以无所不用的手段,一种谎言的诡辩或巧言。

说话不能不借助于修辞,但是,过于借助修辞,却会令人生疑:是否由于说话者不能动人以诚,他才特别需要依靠技巧?是否因为说话的其他因素有所欠缺,才特别需要用修辞来掩护?久而久之,修辞便有了巧言令色、诡辩、强词夺理等负面含义。

过分注重技巧的修辞,往往给人造成有伦理瑕疵(cī),甚至"巧妙说谎"的印象。

如果要给论题分类,一般可以分为两类,第一类是道德禁止(forbidden)的,反面则是道德必需(obliga-tory)的;第二类是道德允许(Permissble)的。

在美国社会中,公众实际进行的公共争议问题都是属于第二类的,如公民拥有枪支。同样,只有第二类才是适合学生思考和辩论训练的论题,因为第一类论题往往代表着一个社会的道德底线和共识,虽然不是不可质疑的,但往往不是青少年能在简单的辩论中说清的。因此,教师绝不会用"可以杀人""专制比民主优越""新闻自由不利于社会进步"

这一类题目去为难和困扰学生。

教学生言不由衷地辩论,首先就违背了公共话语必须具有的伦理条件:有"好"的动机、对他人的"善意"、话语内容的"真实"。就算是他们成功地为"可以杀人""新闻自由不利于社会进步"作了辩护,并且"说服"了对方和听众,那也只是进行了成功的说谎,而成功的谎言又会对人造成怎样的伤害呢?

英国作家斯威夫特在《格列佛游记》中讲了这样一个故事:格列佛来到了在他看来尚未开化的马国。他对马儿描述文明国度中的"说谎",马儿表示不能理解。马儿说:"说话是为了帮助我们彼此了解,接受真实的信息。如果把不是说成了是,那么说话也就违背了自己的目的。你不说真话,我自然没办法了解你。而且,你把白说成黑,把长说成短,你的话不仅不能告诉我什么,反而会陷我于一种比无知更可怕的境地。"

为不合理的事情辩护,首先已经输掉了道义的立场。辩论训练的目的是培养学生独立思想、价值判断的能力,否则就有可能让学生陷入一种比无知更可怕的境地。

辩论是训练逻辑思维和表达能力的有效手段,但是在训练之时的选题上要知道什么是道德底线,要懂得维护伦理,不要让可能会造成道德困惑的选题出现,否则辩论会失去应有的价值,而变成诡辩和巧言。

1750年,英国人赖特为了解释银河的形态,即恒星在银河方向的密集现象,就假设天上所有的天体共同组成一个扁平的系统,形状如磨盘,太阳是其中的一员。这就是最早提出的银河系概念。

所有人的智慧加在一起也不能帮助一个没有自己智慧的人，正如失去视力的人不能用周围的人的视力来弥补自己的缺陷一样。

——拉布吕耶尔

知无不言，言不必尽

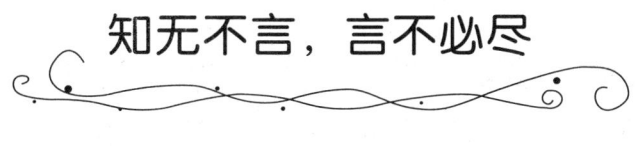

周梦蝶

古人云："知无不言，言无不尽。"貌似是一种真诚待人之道，但深究起来，却是不经思虑，不讲究方法的鲁莽行为。

俗话说：话不言尽，事不做绝。言无不尽，不但不会给人以见识广博，通古博今之感，反而会让人觉得才疏学浅与浅薄，有一种江郎才尽的意味。同时，也会给人留下咄（duō）咄逼人，傲慢待人的轻浮印象。而言不必尽，才是为自己、为他人留退路，让事情尚有回旋余地的巧妙艺术。

初学摄影者往往喜欢让被摄主体充满画面，这种顶天立地的感觉非但不美，还会给人以压抑之感，俗称"撑得太满"；南宋马远的《寒江独钓图》中，唯有一小舟、一钓翁，整幅画中没有一丝水波，而让人感到烟波浩渺（miǎo），汪洋无边。二者相较，高下立判。

在文学，音乐上亦多有"不着一

字,而形神俱备""无声胜有声"的留白。

言不必尽,就是一种巧妙的留白,在给他人空间的同时,不仅展现出你的博学多才,更会让人钦佩你为人处世的超脱气质与点到即可,当止则止的谦逊风度。

现代著名作家林语堂先生在美任教期间应邀去作演讲,他以地道的英文,幽默的言辞,真挚的感情博得阵阵掌声。然而,就在大家兴味正浓之时。先生突然收住,说道:"中国哲人之作风,就是想说就说,说完就走。"言毕,挥袖而去,留下满堂惊艳。

无独有偶,著名科幻作家弗里蒂克·布朗曾经写下有名的"世界最短科幻小说"——"地球上最后一个人独自坐在房间里,这时忽然响起了敲门声……"

言虽未尽,但意味却无穷,令人浮想联翩,亦为留白之佳作。

明洪应明《菜根潭》有言:花看半开,酒饮微醺(xūn)。同样蕴藏了这种睿智与豁达的人生态度——知无不言,言不必尽。

真正的智者在绽放自己光芒时亦会点到即止,不让自己的光芒遮掩他人,反而会给他人留下展示的空间。他们从容淡定,气质超脱,无论何时都能坦然处事,这正是智者谦逊的美德,令世人为之折服。

透镜对不同波长的光折射率是不同的,地球大气就好比透镜,对红光的折射率要小于紫光,所以清晨和傍晚的太阳总是红色的。

独立思考能力，对于从事科学研究或其他任何工作，都是十分必要的。在历史上，科学上的任何重大发明创造，都是由于发明者充分发挥了这种独立精神。

——华罗庚

汪涵脱口秀节目主持的"台柱"

陈甲取

"人生有不同的面具，舞台上有舞台的面具。"恰如汪涵向观众告白的这句名言，在荧屏上，他常常能脱口而出机智幽默、亦庄亦谐的主持语言；在镜头外，他同样能信手拈来许多妙趣横生的精言妙论，从而将幽默风趣的脱口秀引入荧屏、带人生活，发挥得淋漓尽致。

妙语暖场，活跃气氛展机智

"2007快乐男声"3进2比赛中，评委杨二车娜姆（下文称"杨二"）因投票问题与包小柏起了争执。杨二没有给包小柏开口的机会，一口气表达出对选手苏醒的肯定，并解释投票原因："我是评委，但我也是人，我是有感情的。包小柏请你闭上你的嘴巴！"直指包小柏评判标准太过严苛冷漠，现场火药味十足。

主持人汪涵为控制场上局面，巧妙地将火药味化解为笑料："以上言论只代表嘉宾个人观点，与本台立场无关。"立刻引来全场笑声，也缓解了场上紧张的气氛。

2009年4月1日，刘谦与汪涵合作的湖南卫视全新节目《金牌魔术团》录制现场，一位魔术爱好者上台表演了一个钞票魔术，被评委点评为"表演得很好，就是服装跟表演不搭配"。该选手难以接受这样的

评价,竟自称是"中国喜剧魔术第一人",情急之下他还将矛头对准了评委之一刘谦,说:"你表演的魔术我都看穿了,我现在就能讲出你发明的那些魔术是怎么变的!"然后当场破解了刘谦在春晚上表演的一项魔术。

此举令刘谦勃然大怒,严厉地说:"如果一个魔术师在舞台上揭秘魔术,那他就不配站在舞台上!"刘谦的过激言语令台下观众议论纷纷,场上气氛一时陷入凝滞。主持人汪涵顺势说道:"如果没有优秀的魔术师对魔术进行创新,破解也就无从说起,喝水不忘挖井人,对吧?"现场掌声如雷,节目这才得以顺利录制下去。

趣话戏谑,借用谐音语双关

在歌手满江的新歌发布会上,好友汪涵为表示祝贺送上一束大麦,还搞怪地说道:"祝你专辑能够大麦(卖)。"

满江(哭笑不得):"但你这束好像是水稻啊!"

汪涵(随机应变):"那不更好,水稻(到)渠成嘛。"

鲜为人知的是,汪涵曾在湖南电视台的演播厅里做了两三年的剧务,备尝艰辛。对于这段曲折的经历,汪涵从来不加丝毫掩饰。

在一次接受记者采访时,记者称他为湖南电视台的"台柱子",汪涵半开玩笑地回应道:"是啊,没错。我在湖南台,从最基础的场工做起,灯光、音控、摄影、现场导演样样涉足,我还负责给录制现场的观众发发矿泉水、讲讲笑话、逗逗表情，说白了就是勤杂工。我以前是'抬桌子'的，后来从幕后走到台前，才慢慢变成'抬（台）柱子'的。"

巧言答疑，譬喻传神蕴哲理

有位同行见到汪涵，戏弄他道："有人说不能把低俗当幽默。低俗和幽默的界限你认为在哪里？"

汪涵一句妙喻出口："低俗应该就是有毒的蘑菇，而幽默应该就是没毒的蘑菇吧。从表面上，低俗和幽默都能让人发笑，但是有毒的蘑菇吃了以后让人恶心，没毒的蘑菇吃了以后让人舒心。一个是经得起回味，一个是没有回味已经觉得恶心了。"

为了保护杨乐乐，汪涵一直不愿意高调谈感情，有人就捕风捉影，说汪涵是因为太花心，才封口自己的感情归属。于是，汪涵回应道："爱情不应该像喝啤酒，有一大桌子人喧嚣（xiāo）热闹地畅饮；爱情应该像喝咖啡，一个人在角落里安静地品尝。"

场上场下，汪涵口才精妙绝伦、妙语暖场、趣话戏谑、巧言答疑，

话里话外尽显风趣，而其言语中透露出来的哲理智慧，更让我们在欢笑中为之深思回味。

言语是一门艺术，即使学习一生也不能穷尽其中道理。口才的精妙戏谑、风趣诙谐、机智幽默是一种智慧，它能巧妙地缓和气氛、化解矛盾、解救针锋相对的尴尬氛围，它的成功是以睿智和机敏为基础的。

思考是人类最大的快乐。

——伽利略

清代对联讽刺科考作弊

杨光治

…（一）…

清代，凡是未考中秀才的人，不管年龄大小一律称为"童生"。

雍正年间，有一位老童生颇有才华，但由于没有后台，加上性情耿直，不肯送礼给考官，因而连考12次都落榜了。他仍不灰心，继续应考。考官看见他的名字很不高兴，随手将他的考卷丢在一边，还吟了半联来讽刺：上钩为老，下钩为考，老考童生，童生考到老。

老童生知道后感慨万分。他想，自己之所以"考到老"，就是因为考官徇私舞弊，于是一气之下吟出半联回敬考官：二人成天，一人成大，天大人情，人情大于天。

考官听罢，气得半晌也说不出话来。

…（二）…

清代末年，太史徐花农被派到广州府当考官。有个姓方的大财主为了让儿子考上，在考试前千方百计地打通关系，携着厚礼带儿子去拜见徐太史。徐太史要方公子即席写字来看看，方公子提笔写了"一品当朝"。这是极大的恭维，徐太史自然十分高兴，加上已接受贿赂（huì lù），所以就录取了他。

方公子的容貌漂亮但胸无半点墨,所以放榜后众论哗然。那些受了十年寒窗之苦却榜上无名的考生更是愤愤不平,因此有人在旁边贴了一副对联抒发感慨:

不嫌文丑,唯爱颜良。

文丑和颜良,是《三国演义》中的人物,作者借这两个名字的字面意思尖锐地揭发了考官作弊的事实。

···(三)···

清代规定,每年要对秀才考查一次,称为"岁试",根据成绩分为六等。

某秀才水平很低,连一些常用字也搞不清,此人之所以能当上秀才,是由于他的父亲在朝廷做官。次年岁试,考官换了人,这个秀才依然毫无长进,在考卷中竟将"豺狼"写成"才郎","权也"写成"犬也"。结果,不知其背景的考官将他评为六等,还把他狠狠地训斥一顿。消息传出,秀才成了人们的笑谈,秀才的妻子羞愧得无地自容,上吊自杀了。后来考官知道这个秀才的父亲在朝廷做官,匆忙将其成绩改为一等。为此,有人在秀才的家门口贴上了这副对联:

权门生犬子,烈女嫁豺狼。

横批是:六一居士。

这副对联将秀才的权贵出身、妻子的"英烈"行为和他所写的错别字巧妙地结合在一起,讽刺得入木三分。"六一居士"意即从六等跃升为一等,也很幽默。

要说明的是,"六一居士"原是宋

代大文豪欧阳修的号，原意是家有藏书一万卷，金石遗文一千卷，琴一张，棋一局，常置酒一壶，自己是一个老翁，伴着这五物终老。如今作者拿这一雅号来讽刺这个愚蠢的家伙，虽然意思不同，但若欧阳修泉下有灵，也会生气的。

那掷地有声的言论，那辛辣的讽刺是何其大快人心，现实有时就是如此不公，而黑暗在生活中的角落中繁衍，即使没有能力让光明照亮黑暗的角落，亦不要放弃，要记得哪怕只有一丝光芒，也能照亮整个黑暗。

随着人类科学技术的发展，研究、观测手段的进步，直到1924年前后，仙女星系的发现才确凿无疑地证明了在银河系外还有其他与银河系相当的恒星系。

洗耳恭听先人的教诲，乃三生有幸之事，我们应该多读好书，并使之消化。

——达·芬奇

站着说话不腰疼

侯爱兵

有一天早上，天气晴好，秦孝公的心情也大好。他吩咐身边宠臣景监将商鞅（yāng）请进殿来，要与商鞅纵论天下治国经纶。按照君臣礼仪，秦孝公在殿上端坐，商鞅和景监自然跪于秦孝公前。

谈论开始了，两个人从政治到经济再到法令，无话不谈，越谈越投机。不知不觉中，两个小时就过去了。商鞅口若悬河，说到激扬处，竟忘形于礼，起身立于殿中侃侃而谈，浑然不觉。听得入迷的秦孝公，似乎也没有看到商鞅的失礼。而在一旁的景监却一直干巴巴地跪在地上，不仅听着没趣，而且还插不上话。

到了后来，景监实在跪得腰酸背痛受不了了，见他们并无结束谈话之意，便频频向正说在兴头上的商鞅暗使眼色，意思是说：你赶快打住吧，这旁边还有一位跪着的呢。但商鞅不解其意，仍然滔滔不绝地说着，直至中午有人喊吃饭了，两个人才收了话头儿。

等出了门，商鞅便问景监："刚才，你干吗老给我使眼色？"景

监没好气儿地说:"整整一个上午,我在地上跪得腰酸背痛,浑身麻木,你倒站着说话不腰疼。"

后来,"站着说话不腰疼"这句俗语就流传下来了,不过含义经过世代演变,早已和原意大相径庭。现在它常用来比喻某些人说话不顾及别人的感受,不能从对方实际出发,只知道自己说风凉话、高调话。

当人们站在高处,万众眼光聚集一身时,很难去考虑那些仰视的人们是否脖子酸痛。他们大展光彩,恨不得照耀世界,却常常忘却他人是否需要这份光芒,是否能承受得起那份明亮。

商、周时期,鼎成为了礼仪重器。1939年,河南安阳殷墟出土了迄今为止发现的最大的青铜鼎——司母戊鼎。鼎高133厘米,重达875千克,距今约有三千多年的历史。到春秋后期,鼎的制作技艺精湛,而且除了作为炊具使用外还用做食器,同时作为祭祀礼器,在盛大场合出现。

正如恶劣的品质可以在幸运中暴露一样，最美好的品质也是在厄运中被显示的。

——培根

知 音

周正旺

崔虎臣是临川城第一个画家。

早年间，崔虎臣开办了临川历史上第一个画行。临川诗文历史悠久，国学昌盛，自古就有"才子之乡"的美誉，但于书画一道，却无人问津，因此生意冷清，渐渐地，守业越发艰难。崔虎臣也不计较，仍一心一意守着画行，只是破衣破衫，再也寻觅不到雅士的风采。

一日，崔虎臣正在画行画画，他神情专注，下笔轻盈，浑然不觉有一人已悄悄在旁注视。那人正是叶青竹。只见画布之上一个个市井人物，全是饮酒卖浆之男性，或企盼、或端详、或忧思，叶青竹却愕

(è)然长叹："好一个绝代佳人呀。"

崔虎臣大惊，转身看见身旁的叶青竹，浓眉大眼，器宇不凡，穿一身整洁的文衫，握一杆清幽的竹烟枪，虽然五十上下，但两眼黑如深水，气质悠悠地散发出来，令人不自觉地亲近起来。

崔虎臣忙问道："我画里明明全是男性，阁下为何说是佳人？"

叶青竹微微一笑："是男性不假，然全都翘首前方，目光璀璨（cuī càn）有神，定是美女当前，为之倾倒。"

崔虎臣大喜，忙躬身让座，端茶敬水，问其姓名，答曰："叶青竹。"崔虎臣惊讶道："莫非是雅文馆的掌柜？"

"正是。"

崔虎臣也知道雅文馆乃临川城最大的一家诗文书店，除了卖些诗话、文典，也有流行的《红楼梦》、《西厢记》、《临川四梦》。崔虎臣早有耳闻，奈何囊中羞涩，往往过其门而不入。

叶青竹道："今日既然有些兴致，先生何不多画几张，让我饱饱眼福。"

崔虎臣汗颜道："不敢，学生才疏学浅，这就照办。"于是铺好宣纸，蘸上墨浆，画上几片浓绿的葡萄叶子。

"好一串肥美的葡萄。"叶青竹赞叹。

"先生如何看得出来？"

"你这葡萄叶子，叶式下垂，自是因为果实繁茂。"

崔虎臣好胜心起，再画出几片葡萄叶，却和之前的无甚差别。

"微风徐来，波澜不惊。"叶青竹沉醉道，仿佛清风拂过面颊。

"这……"崔虎臣愕然。

"葡萄叶子，微微摆动，往左者有之，往右者有之，此必微风徐徐之故也。"叶青竹娓娓道来。

崔虎臣深为叹服，不想习画多年，今日才遇知音。叶青竹亦深爱崔虎臣画作，估价三两，购买崔虎臣刚才所作三画。二人遂成莫逆之交。叶青竹年长崔虎臣二十余岁，崔虎臣遂称叶青竹为兄。

叶青竹将所购之画挂在雅文馆，左近文人看了，也渐渐附庸起来，加之叶青竹力荐，求购崔虎臣画作者日渐增多。然而，却无人如叶青竹一般可以觉察风月。

从此，崔虎臣生意好转，只是得意之作再不出售，亲手赠送叶青竹。叶青竹投桃报李，也经常将新书赠送给崔虎臣，一时，君子之交的美誉传遍全城……这样过了16年，叶青竹仙逝。

崔虎臣画名早已远播，偶尔也有省城甚至外省人托人求购画作。崔虎臣画作，人人道好，却无人说出个所以然来。

崔虎臣心意惆怅，于是封笔。

偶尔技痒难耐，便提画笔一支，宣纸一张，到叶青竹坟前祭奠（diàn），于墓前挥洒笔墨，画毕，便问："叶兄可知画中为何物？"

旷野一片孤寂，无人作答。

崔虎臣眼里便落下泪来。

人生一世，盛时的朋友甚多，总是不乏推崇者，但是茫茫人海，唯有知音难求，有时寻尽一生也无幸获得。所以，得者，何其幸也；不得者，何其孤单。

要提倡独立思考。

——卢嘉锡

冯巩——"八面玲珑"的笑星

陈甲取

冯巩，这位民国大总统冯国璋的曾孙，表演了很多脍炙（kuài zhì）人口的相声。相声让冯巩声名鹊起，但现在的他可谓"八面玲珑"，说相声、演小品、拍电影、任导演、做编剧、当老师、当选政协常委，全面出击，处处开花。有人问冯巩，相声、小品、电影哪个是自己的主业，冯巩诙谐地说："踢足球还主张全攻全守呢，我就不能三个都抓？"随后他这样调侃自己："在相声界我影视演得最好，演员界我导演导得最棒，导演界我编剧编得最巧，编剧界我相声说得最逗。这年头儿，就得玩儿个综合实力！"

我脱贫致富了

冯巩有一张不漂亮却讨人喜欢的脸。有人问他，觉得自己算不算丑星，他拿出一张自己的照片端详了半天，然后一本正经地说："其实我是埋伏在丑星里的英俊小生。"

一次，冯巩、凌峰、赵本山等人共同主持《神州风采》节目，主持人一一上场。被誉为"光头谐星"的台湾主持人凌峰首先说："为了丰富今晚的节目，我们特别为您介绍一位比我长得还困难的、来自东北的赵本山。""我比你还丑？既然如此，我也来抓个垫背的！"赵本山指指身边的冯巩说："他比我还丑。"冯巩为了捍卫自己"埋伏在丑星里的英俊小生"的称号，用手指着自己的脸说："亲爱的朋友，你们好，我知道我长得丑，属于困难户、重灾区，但跟他们两位（指凌峰和赵本山）相比，我可以自豪地宣布：'我脱贫致富了！'不客气地讲，一看见他们两位，我就想起了万恶的旧社会！"

难怪女演员都爱跟我站一块儿

在第十四届中国金鸡百花电影节的颁奖晚会上，冯巩和影后候选人李冰冰受邀做开奖嘉宾，两人在台上一唱一和，令开奖前的紧张气氛活跃起来，他们的开奖台词也成为当晚的经典对白。

冯巩："想死你们了。"李冰冰："想死谁呀？"冯巩："想死三亚的观众啊！冰冰，你不觉得我今天很帅吗？"李冰冰："不觉得。"冯巩："为什么？"李冰冰："因为有我在这里，形成了反差。"接下来冯巩便开始赞美李冰冰，没想到李冰冰接着说："我觉得我站在你身边更漂亮了。"冯巩作恍然大悟状，伤心地说："难怪那么多女演员都爱和我站一块儿……"

没头脑和不高兴

在第十二届华表奖颁奖典礼上，角逐影帝的冯巩格外轻松，大耍嘴

皮子,十分幽默。与女演员江珊登台为一项少儿电影奖项颁奖时,冯巩将多部优秀少儿影视作品的名字,串成一段滑稽幽默的台词,称手上的获奖名单是"鸡毛信",逗得观众哈哈大笑。冯巩还趁机涮(shuan)了江珊一把:"我们两个站在一起也是一部电影。"江珊不假思索地说:"当然是《美女与野兽》了。"冯巩拆着信封,眼皮都不抬地吐出几个字:"多看看国产影片吧,《乌鸦与麻雀》。"台下观众一片爆笑,一旁的江珊哭笑不得。冯巩笑也没笑,不动声色地又爆了句:"《没头脑和不高兴》。"

牛群吃错草料

去广元灾区参加慰问演出,一上台,冯巩和搭档就给广元受灾群众带来欢声笑语。

冯巩和搭档刚刚登台还没有开口，大家就一阵狂笑。冯巩做了两个鬼脸，正准备问候大家，没有想到招牌问候语——"我想死你们了"，被搭档抢着说了，冯巩只好来一阵招牌飞吻，引得大家又是一阵欢呼。在表演过程中，冯巩拿老搭档牛群开起了玩笑："本来我这次是要和著名的牛群牛副县长一起来的，没有想到，8月29日凌晨4时……"说到这里，冯巩开始带着点儿哭腔，说不出来了，抽泣了好一会儿，他才把这句话说完，"我们杰出的农村管理者牛群牛副县长在安徽省蒙城县——拉肚子了。原因：水土不服，吃错草料。"观众在台下笑得前仰后合，整个演出达到了高潮。

冯巩开朗乐观的态度、诙谐幽默的言谈常常给大家带来欢声笑语，所经之处欢声一片。他用自己的热情和欢乐感染观众，将欢乐带给人们、带到所有角落。

要是没有能独立思考和有创造能力的人,社会的向上发展就不可想象。

——爱因斯坦

给莎士比亚先生的一封信

余光中

莎士比亚先生:

您好!年初拜读您在斯特拉福投邮的大札,知悉您有意来中国讲学,真是惊喜交加!可是我的欣悦并没有维持多久。一年来为您讲学的事情,奔走于学府与官署之间,舌干口焦,一点也不得要领。您的全集,皇皇40部大著,果真居则充栋,出则汗人,搬来运去,实在费事,但在某些人的眼中,分量并没有这样重,因此屡遭退件、退稿。我真是不好意思写这封回信,不过您既已嘱咐了我,我想我还是应该把和各方接洽的前后经过,向您一一报告于后。

首先,我要说明,我们这儿的文化机构,虽然也在提倡所谓文艺,事实上心里是更重视科学的。因此这儿对您的申请,坦白地说,并

不那样感到兴趣。

我们是一个讲究学历和资格的民族：在科举的时代，讲究的是进士；在科学的时代，讲究的是博士。所以当那些审查委员会在"学历"一栏下，发现您只有中学程度，在"通晓语文"一栏下，只见您"拉丁文稍解，希腊文不通"的时候，他们就面有难色了。也真是的，您的学历表也未免太寒碜了一点；要是您当日也曾去牛津或者剑桥什么的注上一册，情况就不同了。当时我还为您一再辩护，说您虽然没上过大学，全世界还没有一家大学敢说不开您的课。那些审查委员听了我的话，毫无动容，连眉毛也不抬一根，只说："那不相干。我们只照规章办事。既然交不出文凭，就免谈了。"

后来我灵机一动，想到您的作品，就把您的40部大作，一股脑儿交了上去。隔了好久，又给一股脑儿退了回来，理由是"不获通过。"我立刻打了一个电话去，发现那些审查委员还没散会，便亲自赶去向他们请教。

"尊友莎君的呈件不合规定，他没有著作。"

"莎士比亚没有著作？"我几乎跳了起来，"他的诗和剧本不算著作吗？"

"诗，剧本，散文，小说，都不合规定。我们要的是'学术著作'。""什么是——"

"正正经经的论文。譬如说，名著的批评，研究，考证等等，才算是学术著作。"

"您老人家能举个例吗?"我异常谦恭地说。

他也不回答我,只管去卷宗堆里搜寻,好一会儿才从一个卷宗里抽出一叠表格来。"看,像这些。《哈姆莱特的心理分析》、《论哈姆莱特的悲剧精神》、《从弗洛伊德的观点论哈姆莱特和他的母亲的关系》、《哈姆莱特著作年月考》、《哈姆莱特史无其人说》……"

"我明白您的意思了。假如莎士比亚写一篇10万字的论文,叫《哈姆莱特脚有鸡眼考》……"

"那我们就可以考虑了。"他说。

"可是,说了半天,《哈姆莱特》就是莎士比亚的作品呀。与其让莎士比亚去论哈姆莱特的鸡眼,为什么不能让他干脆交上《哈姆莱特》原书呢?"

"那怎么行?《哈姆莱特》是一本无根无据的创作,作不得数的。《哈姆莱特脚有鸡眼考》就有根有据了,根据的就是《哈姆莱特》。有根据,有来历,才是学术著作。"

显然,您要来我们这儿讲学的事情,无论是在学历上和著作上,都不能通过的。在"曾获何种荣誉"一栏里,我也没有办法为您填上什么。您那个时候还没有诺贝尔、普利策、巴林根等等奖金,也不时兴颁赠什么荣誉博士学位。您的外文普通得很,根本不可能去国外讲学,或者出席国际笔会之类的大场面。桂冠呢,您那时候倒是有的,可惜您无缘一戴。

对了,说到奖金,我也曾为您申请过的,不过,您千万不要见怪,我在这方面的企图也不成功。有一个奖金委员会的理由是:"主题暧(ài)昧(mèi),意识模糊。"另一个委员会的评语是:"主题不够积极性,没有表现人性的光明面。"有一位文学批评的权威,指责您不该在李尔王中让那些不孝的女儿反叛父亲,又说哈姆莱特王子不够积极和坚决。还有人说,罗密欧与朱丽叶的殉(xùn)情未免过分夸张爱情,对青少年们恐怕会产生不良的影响。至于那卷十四行诗集,也有人说它太消极,而且有太浓厚的个人主义的色彩云云。

·167·

至于大作在此间报纸副刊或杂志上发表,机会恐怕也不太多。我们的编辑先生所欢迎的,还是以武侠,黑幕,或者女作家们每一张稿纸洒一瓶香水的长篇哀艳悱恻(fěi cè)奇情悲剧小说。我想,您来这儿讲学的事,十有九成是吹了。没有把您的嘱咐办妥,我感到非常的抱歉。

凉风起自天末,还望您善自珍重。后会有期,说不定我会去西敏寺拜望您的。

敬祝健康!

余光中拜上

呆板的教条、迂腐的规矩吞噬了多少个性的光彩,埋葬了多少美丽的思想,扼杀了多少全新的创作。文学的魅力就在于它所表现的情感、所渲染的气氛。经典就是经典,即使日月变换、时光穿梭亦不能动摇,又怎能用呆板的教条去评论。

> 谁不用脑子去思索，到头来他除了感觉之外，将一无所有。
> ——歌德

筷人筷语

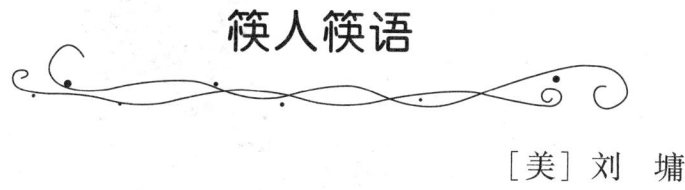

[美] 刘　墉

如果您去台北某个西餐厅吃饭，听到有客人喊："有没有筷子？"那个"老土"很可能就是我。

您八成想我不会用刀叉，那可错了！我非但会用，而且技术奇佳。我之所以在西餐厅喊"有没有筷子"，是因为端上来的是中餐。举个例子，一盘面旁边绕了圈榨菜炒肉丝，上面放些肉丁，再盖上一个荷包蛋。这是西餐吗？就算做成西餐的样子，吃那些细细小小的榨菜肉丝和肉丁，是用刀叉方便还是筷子方便？至于生菜沙拉更甭说了，一片片菜叶和撒在上面的核桃仁、火腿末，多难叉？如果是剩下最后几片，被沙拉酱黏（nián）在盘底，简直麻烦极了。会用筷子的人碰上这场面，能不暗骂吗？

何止在西餐厅，我只要坐中国的班机，都要求用筷子。道理很简单：我赌口气！为什么在飞机上送上的常是刀叉？就算"9·11"后怕劫机，航空公司也宁可提供软软的塑胶刀叉，绝不换成温文儒雅的筷子。

筷子当然比刀叉儒雅,"刀枪剑戟(jǐ)、斧钺(yuè)钩叉",十八般武器里少不了"刀叉",可曾包括"筷子"?就算把筷子放大成为"棍子",执棍总比执刀拿叉来得文明些吧!

刀切是破坏,叉插也是破坏。用刀叉的人,连送进嘴巴的最后一刻都在对食物作凌迟。筷子则不同,它不是破坏而是"和同"。这不正是中西文化的差异吗?西方人搞征服,中国人讲同化;西方说"人定胜天",中国则讲究包容的"天人合一"。

这年头会用筷子的洋人也已经不少了,甚至能骄其亲友,显示他有本事。中餐馆的筷子包装上还常有图画解说。如果洋人笨钝,堂倌则会用个纸条将筷子卷起,再拴上一根橡皮筋,成为"筷夹子"。提到"筷夹子",我有个美军朋友说得妙,有一回他们把一个螺丝钉掉到机器缝里，洋人想尽办法都掏不出来。最后还是由老中出马：简单嘛！拿两根细细长长的筷子，轻轻松松就把螺丝钉夹出来了。

虽然说筷子是中华国粹，咱们却有不少同胞不会用筷子。也不是真不会，而是用得不精或不标准。

标准没个定论，但至少要夹得准确有力。举个例子，我岳母不太会用筷子，于是我太太不行，儿子女儿也不行。可我一批评就"茅坑里扔炸弹——引起公愤"。老婆先瞪眼："我用半辈子了，饿着了吗？"女儿更悍："上次园游会，用筷子夹水碗里的弹珠，谁夹得最快最多？我！"

没错！那拿筷子像拿剪刀的人，也能夹起小东西，只是力量不足。其实有力不难，用筷子跟用嘴一样，我们上面的牙齿固定在头骨上不会动，真正动的是下颚。筷子要夹得有力，也必须一根不动、一根动。"不动如山"的守住底线，"会动"的前去配合，才能产生极大的力量。

还是我女儿棒，她照样在我面前用她习惯的"剪刀式"。可只要出去应酬，就换成标准式。问她为什么，她说在外面用不标准，会丢人。

没错！会丢人！因为吃是文化，用刀叉的礼貌是文化，用筷子的技巧也是文化。所以很多年前日本政府就提出要教下一代用筷子的正确方法，我还听个韩国朋友说，他小时候不好好用筷子，会被老爸斥责没教养，甚至被赶下桌。

凭什么洋人上中餐馆喊着要用刀叉，咱中国人上洋餐馆就不能喊"我要筷子"？凭什么洋人的飞机上只给刀叉不给筷子，咱老中的航班也要照搬照抄？难道连咱们自己人都认为刀叉比筷子文明吗？

所以我在文章一开头就说，我在西餐厅要筷子是赌口气。如果连在中国的西餐厅都耻笑用筷子的人，咱们能指望有一天当老大、有一天华语成为世界通用的语言吗？

我甚至要呼吁：从今天开始，只要是咱们自己的航班，吃中餐都只上筷子；就算西餐用刀叉，也附一双筷子。

您别笑吃西餐用筷子有点不伦不类，这叫"西餐为体，筷子为用"，咱大中华包容化育的新体现！

筷子是中国文化的一个体现,是古人智慧的延续,是传统文化的传承。每个中国人都有义务维护自己的文化,因为这是中国的文化、中国的传统、中国的尊严。

大、小麦哲伦星系在北纬20°以南的地区升出地平面,它们是南天银河附近两个肉眼清晰可见的云雾状天体。

悟处皆出于思，不思无由得悟；思处皆缘于学，不学则无可思。学者所以求悟也，悟者思而得通也。

——陆世仪

马未都的还价原则

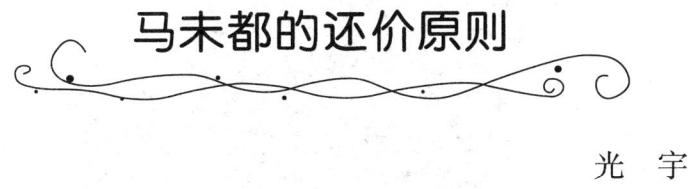

光　宇

马未都是我国著名的收藏家，他从20世纪80年代开始收藏，到了90年代，其收藏已具相当的规模，陶瓷、玉器、古家具等珍贵藏品超过千件。

有位记者在采访马未都时，提了一个很实际且颇有趣的问题："您是行家，买了这么多的宝贝，是如何跟卖家还价的呢？"

马未都回答说："我跟卖家还价的原则是让做生意的人都有钱赚。比如我看中一个东西，卖家要价12万元，我还价10万元。他会说：'好，成交。'虽然他的要价是12万元，但我知道，给10万元他就能卖。他多要两万元，是等我还价呢。对此，我们彼此心里都是有数的。"

记者又问："那您为什么不试试还价8万元或9万元呢？"

马未都回答说："人家的东西值10万元，如果非给8万元或9万元，那就离谱了。适当地多给人家一点儿钱，只有好处，没有坏处，因为这会给你打通一条进货的路。人往高处走，水往低处流。只要有低处，水就一定会会聚到那儿。对吧？物质永远向最有价值的地方流动，钱也是这样。买古董的时候，要让人家多挣一点儿钱。当人家再有古董的时候，想到的第一个买家，一定是曾经让他挣过钱的人。他可能说：'马未都这个人不错，让我挣钱了，这古董我得先给他看。'我一看，

嘿,这东西我喜欢,就买了。这样,就保持了一个进货的通道。要是人家说:'我卖给谁也不卖给马未都,这主儿一分钱也没让我赚过,还老让我赔钱,回回把我亏得半死,我才不给他呢。'这条进货的路不就断了嘛!我认识的古董商很多,可以说成百上千,每回我买东西都坚持这个原则。"

记者又追问:"搞收藏的人有的是,为什么您的机会比别人的机会多得多?"

马未都回答说:"谁坚持让人家有钱赚的原则,人家就会想着谁,谁的进货机会自然就会多。双赢比起单赢有个大好处,就是双方都能赢得可持续发展的机会。"

在人与人的交往中应该努力营造一种双赢的局面,维护自己利益之

时也应该给他人留有余地，针锋相对只能不欢而散，所以，何不各退一步，互利互惠。

大麦哲伦星系位于剑鱼座内，距离我们只有18万光年。这个平均直径约为1.5万光年的星系，是银河系最大的卫星星系。

古来圣贤，未有不重思者，思只是穷理二字。

——陆世仪

了不起的手表

庞启帆

杰克提着两个沉重的大箱子在车站里艰难地行进。这时，一个陌生人走到他身边，问："请问几点了？"杰克放下箱子，看了一眼手腕上的表，说道："5点45分。"

"嘿，你的表太别致了！"陌生人惊叹道。杰克的双眼马上发出亮光，说："是的，你说得没错，我让你见识一下。"接着他向陌生人介绍，他的手表可以显示世界上每一个时区的时间。

他按了一个按钮，马上从手表的某个地方传出一个非常正宗的德克萨斯州西部的口音："现在时间是5点49分。"他又按了几下刚才那个

按钮,日语发音再次报了一遍时间。杰克继续说道:"我已经把每个城市的方言都设计了进去。"

陌生人顿时目瞪口呆。

"这还不是全部。"杰克说。他按了另一个按钮,一个小而清晰的纽约市地图出现在手表屏幕上。"闪烁的亮点表示我们当前所处的位置,这可是由卫星定位的。"杰克解释道。

"我想买下这表。"陌生人说。

"哦,我还不打算出售。"杰克说,"看这个。"他继续介绍,他的手表也是一个小型的调频收音机。而最令人惊叹的是,它竟然可以录下300本书的内容。

"我必须买下这块手表!"陌生人说。

"不,这表不出售。"

"我给你 1 000 美元!"

"哦,不,我投入的研发经费已经远远超过了这个数目……"

"我给你 5000 美元!"

"不行……"

"15 000 美元。"陌生人拿出了支票簿。杰克沉默了。他购买材料以及开发的费用大概花了 8 500 美元,有了 15 000 美元,他不但可以再制作另一块同样的手表,而且推销广告的资金也解决了。

陌生人写好支票,从支票簿(bù)上撕下来在他面前晃了晃,说:"15 000 美元,你收下,否则我立刻走人。"

"成交!"说完,杰克从手腕上解下手表。陌生人把支票递给杰克,接过手表兴奋地离开了。

"等等!"杰克冲着陌生人的背影喊道。陌生人不安地转过身。杰克指着他身边那两个笨重的大箱子说::"别忘了拿你的电池和内存。"

当人们面对一种看似美妙的诱惑时,常常被表面的光彩所吸引,在焦急中盲目地做出决定,而忽略了它新奇外表下的本来面目,或许那才是事实。所以,请在做决定之前考虑一下全局,总有值得你慎重思考的地方。

人们在很久以前就根据牛顿的力学定律及天狼星主星的运行轨道,预言了天狼星伴星的存在。1862年,这颗伴星终于被发现。天狼星伴星是历史上最早发现的白矮星。

幽默也是一种实力

致思如掘井，初有浑水，久后稍引动得清者出来。人思虑，始皆溷浊，久自明快。

——程颐

骂人的艺术

梁实秋

骂人是一门高深的学问，不是人人都可以随便试的。今以研究所得，公诸同好，或可为骂人时之一助乎？

知己知彼

骂人和打架是一样的。你如其敢打人一拳，先要自忖（cǔn）一下，吃得起别人的一拳否，这叫知己知彼。骂人也是一样，譬如你骂他是"屈死"，先要反省自己和"屈死"有无分别。否则别人回敬你一两句，你就受不了。所以若别人有某种短处，而足下也正有同病，那么你

在骂他时便只得割爱。

无骂不如己者

骂人,须挑比你大一点、漂亮一点,或比你坏万倍却比你得势的人。总之,你要骂人,则那人无论在好的或坏的方面都要能胜过你,你方才不吃亏。你骂大人物,就怕他不理你,他一回骂,你就算骂着了。在坏的方面胜过你的,你骂他就如教训他一般,他即便回骂,一般人仍不会理他。假如你骂一个无关痛痒的人,你越骂他,他越得意,时常可以把一个无名小卒骂出名来,你看冤与不冤?

旁敲侧击

他偷东西,你骂他是贼;他抢东西,你骂他是盗,这是笨伯。骂人须明虚实掩映之法,须烘托旁衬,旁敲侧击,于要紧处只一语便得,所谓杀人于咽喉处着刀。你越要骂他,就越要原谅他,即便说些恭维话亦不为过。这样的骂法才能显得你所骂的话是真实确凿,让旁人看起来也可见得你的度量。

态度镇定

骂人最忌浮躁。一语不合,面红筋跳,暴躁如雷,此灌夫骂座、泼妇骂街之术,不足以骂人。善骂者必须态度镇静、行若无事。一般人骂人,谁的声音高便算谁占理,谁来得势猛便算谁骂赢。唯真善骂人者,乃能避其锐而击其懈。你等他骂得疲倦时,只消轻轻回敬他一句,让他再狂吼一阵;在他暴躁不堪时,你不妨对他冷笑几声,包管你不费力气,把他气得死去活来。

以退为进

两人对骂,而自己亦有理屈之处,则处于开骂伊始,特宜注意,最好是将自己理屈之处完全承认下来,即使道歉认错均不妨事。先把自己理屈之处轻轻遮掩过去，然后再重振旗鼓、咄咄逼人，方可无后顾之忧。即使自己没有理屈之处，也绝不可自行夸张，务必要谦逊之至，把自己降到一个不可再降的位置，然后骂起人来，自有一种公正光明的态度。否则你骂他一两句，他便以你个人的事反唇相讥，一场对骂，就变成两人私下的口角，是非曲直，无从判断。所以骂人者自己要低声下气，此所谓以退为进。

预设埋伏

你把话骂过去，便要想想，他将会用什么话骂回来。有眼光的骂人者，便会处处留神，或是先将他要骂你的话替他说出来，或是预先安设埋伏，令他骂回来的话失去效力。他骂你的话，你替他说出来，这便等于缴了他的械；预设埋伏，便是在他要攻击你的地方，你先轻轻安下话根，然后他骂过来就等于枪弹打在沙包上，不能中伤。

小题大做

如对方有该骂之处，但题目甚小，不值一骂，或你所知不多，不足

一骂，那时你便可用小题大做的方法，来扩大题目。先用诚恳而怀疑的态度引申对方的意思，由不紧要之点引到大题目上去，处处用严密的逻辑逼他说出不逻辑的话来，或是逼他说出合乎逻辑但不合乎理的话来，然后你再大举骂他，骂到体无完肤为止，而原来惹动你的小题目，轻轻一提便了。

远交近攻

有时候，只能骂一个人，或一种人，或一派人。决不宜多树敌。所以骂人时，万勿连累旁人，即使必须牵涉多人，你也要表示好意，否则回骂之声纷至沓来，将使你无从应付。

骂人的艺术，一时所能想起来的便是上面诸条。我做此文的用意，是助人骂人；同时也是想把骂人的技术揭破一点，供爱骂人者参考。挨骂的人看看，骂人的心理原来是这样的，也算是揭破一张黑幕给你瞧瞧！

仅此篇文章即可看出文字大师的语言功底。"骂人"也充满了艺术和学问，而我们需要学习的，不是"骂人"的技巧，而是一种敏锐，诙谐的思辨艺术。

致思如掘井,初有浑水,久后稍引动得清者出来。人思虑,始皆溷浊,久自明快。

——程颐

慢马加鞭

三 口

锣鼓锵(qiāng)锵戏开场,京剧里有人高唱:心急加鞭恨马慢。

那句听了几百年的老话"快马加鞭",其实至今也没人能真正弄明白,它到底有没有逻辑性。如果要说"笨鸟先飞",这话还靠谱——人家聪明的鸟早就买好了地图,当然有理由睡个懒觉再上路了。真不知道

老祖宗是怎么想出这个词来的。莫非咱们的老祖宗也是软的欺、硬的怕不成？

据说有一个叫墨子的先生想要上太行山，有一架马车和一架牛车，他就问他的弟子："你说咱们应该拿鞭子抽哪个，才能让它跑得更快些？"他这个弟子说："那肯定得打那个跑得快的了。"

于是墨子就满意地点点头，摆出一副很深沉的样子说："真聪明！快马值得鞭策，所以我认为你也是值得鞭策的。"

这话我们是越听越糊涂，你想啊，快马它也毕竟是马啊，是马就有生命极限！它已经拿出百米冲刺的劲头了，你还拿鞭子威胁它，这不是要它的命吗？

比如你开着一辆"宝马600"上高速，都跑得要爆缸了，我绝不相信你还会没命地踩油门，然后心里想，没关系，这好车就得"鞭策"才行——除非你那一刻大脑神经短路了。

再比如教育，如果你还用这种"无厘头"的心态来教育孩子，那就更危险了！孩子本来成绩已经很好了，可你没事儿总是给他加码，还对他说这是"快马加鞭"，最后不是把孩子逼疯了，就是激出他的逆反心理来。

其实，咱们的老祖宗真的错了，这句话应该反过来说才对：慢马加鞭。因为有句话说得好："老牛亦解韶光贵，不待扬鞭自奋蹄"。只有对那些磨磨蹭蹭的懒家伙，才需要多给上几鞭子，这才是真正去鞭策它而不是害它。否则，你总想着去鞭策快马，那你离没马骑的日子就不远矣。

正所谓，良骥自奋蹄，慢马需加鞭！

在奔向成功的路上，人们常常需要外力的鞭策才能战胜一些懒惰的

毛病，激发出潜能，奔跑得更快。但是，鞭策也需要因人而异，对自奋自勉者过分鞭策只会因过分耗尽力量而累倒在中途，需要鞭策的是那些尚有潜力却小步慢跑者。

 知识频道

流星，科学地说来，是闯入大气层的一种星际物质，在大气层中与空气摩擦的发光现象。

一个人年轻的时候不学会思索，他将一无所获。

——爱迪生

一个人的"电影传奇"

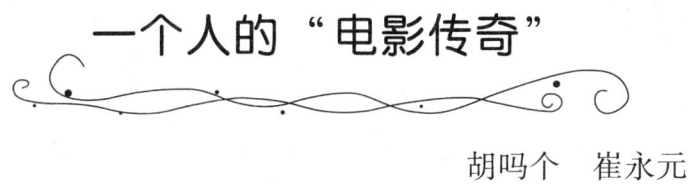

胡吗个　崔永元

对于中国电影，崔永元说，他哪怕是去电影院卖饮料也是在作贡献。当然，他所做的远远超过这些……

胡吗个：听说你最近喜欢泡网了，你在上面玩什么？

崔永元：我淘宝，淘宝淘的都是跟电影有关的东西，比如说电影放映机、电影摄影机、电影海报、电影胶片、电影邮票、电影票，所有跟电影有关的东西都可以在这儿淘，所以我乐此不疲。

胡吗个：你所有的东西，都是在为你的私人电影博物馆作准备？

崔永元：对，我特别想有一个让我老了以后能够流连忘返的地方，就是一个个人的电影博物馆。我会在里面养老，我能想象到那个景象，就是"秋风落叶遍地黄，一把扫帚满院忙"。偶尔会闯进来一个陌生人，看看这里边住的是什么人，放着什么东西。没有太多的人感兴趣。

胡吗个：你之于电影到底是个什么身份，你又怎么界定你的身份？

崔永元：有时候他们说我是个超级影迷，其实我倒觉得我在专业领域里挺有"身份"的，我应该算是个电影研究者，说"专家"也不为过，因为我掌握着这么多的电影知识，而且这里面有很多是独立思考的，是我独立的见解。

胡吗个：你说你是超级影迷，也是电影专家，但好像有时候你还担当电影批评者的角色？

崔永元：电影批评或者电影批判。但这一两年，我越来越慎重。

比如长征路上我们放了很多有意思的电影，有一类电影在我们心目中都被认为是不怎么样的电影，但是其实很受长征沿线老百姓的欢迎；有一类电影被我们认为无论是艺术价值还是商业价值都非常高的电影，老百姓却根本不买账。

我觉得只能说不同的人群接受不同的文化产品。就像我们到饭馆吃饭，你肯定不能说啃玉米的人比吃鱼翅的人素质低。没道理！我觉得可能那样的电影更适合那个地方的观念。

胡吗个：据我所知，在中国有这样一些导演，他们总想拍一些专门针对欧美院线的低成本电影，所以就会去迎合欧美观众的口味。你不是想看我们愚昧嘛，那我就拍我们的愚昧；你不是想看我们的落后嘛，那我就给你拍我们的落后。他们觉得他们呈现的就是一种文化差异？

崔永元：你说到这里，我想起有一次姜文跟我说过一件事情，让我听后很惊讶。

他说中国电影市场最辉煌的时候是20世纪40年代，他说那个时候《马路天使》、《十字街头》、《一江春水向东流》这样的影片都在北美上映，而且票房非常好，甚至能占到美国电影市场的份额。

我觉得外国人喜欢看，他不单单是猎奇的心理，他也许还想知道这个内敛的民族是怎样生活，怎样面对生活的困难，怎样享受生活的乐趣的。

胡吗个：对未来中国电影你会为它做些什么？除了你的《电影传奇》、你的博物馆之外，你会拍电影吗？或者你会帮助别人拍电影吗？

崔永元：我觉得哪怕我到一个电影院去卖饮料，也算是对中国电影产业化作贡献。

胡吗个：还能做点儿大事吧？

崔永元：对，我要保持我独立思考以后发出来的声音，因为现在的电影市场太祥和了！在他们举杯欢庆的时候，得有人站出来，说两句扫兴的话。

一个民族的影视应该体现的是一个民族的文化,是一种文化的传播,将民族的文化展现给世界,让别人也能了解到我们这个含蓄内敛的神秘大国的文化生活,而不是单纯地迎合大众口味,赚取票房,只有在反思与批评中才能取得真正的进步。

化验结果显示,陨星的成分多半是铁、镍,或者有的干脆就是石头。也有人猜测,陨星中还可能有一些地球上没有的元素,只是在流星体燃烧时被烧毁了,这一点暂时还没有得到证实。

一个善于思考的人最高成就是，把可知的事物寻个水落石出，对不可知的事物敬而远之。

——歌德

读书"无用论"

洪　晃

有一次，一位女主人在一个大型晚会上精心安排了一对"男才女貌"坐在一起，想让他们邂逅一下。男的给女的让了座，然后问道："你是做什么的？"

女的非常自豪地亮出了世界名牌皮具市场总监的头衔。

男的说："噢，你是卖包的。"

"那你是干什么的？"女的反问。

"我是哈佛商学院的教授。"男的非常自豪地自我介绍道。

"噢，"女的说，"不就是个教书的嘛。"

这一晚上，男的再也没跟女的说话，女的再也没看男的一眼。女主人也悄悄跟我们发誓，再也不乱点鸳鸯（yuān yāng）谱，吃力不讨好。

过了一个星期，女主人接到教授很沮丧的电话。他汇报道，冤家路窄，他居然和"世界名牌"同一个航班去上海，名牌总监当然是浑身名牌地进了商务舱，而名牌大学教授却灰溜溜地坐到后面的经济舱。教授说，他太受刺激了，将来他养了女儿，一定不让她念书，让她卖包去。

从那以后我就一直在考虑两个问题：一是读书是否有用；二是我到底算不算是一个读书人。我在大学里面是个不好不赖的学生，所有成绩都是"良+"左右。刘索拉说她在音乐学院读书的时候和我一样，所以有个"良上君子"的美名。

工作以后非常忙，没时间抱着书本瞎看，但是又特别怕别人看出来我不读书，所以我就养成了看书评的好习惯。《纽约书评》是我的秘密武器，我不仅知道了很多书的内容，而且还偷了很多大腕的观点，在鸡尾酒会上绝对可以装大孙子了。就比如《世界是平的》这本书出炉后，好多朋友是真的一页一页、一个字一个字地看了，而我就看了一眼书评。在一个非常大尾巴狼的派对上有人聊起这本书，我很随意地说，世界要是平了，那共产主义就到来了。旁边的人都觉得我很深奥——除了看过《世界是平的》外，还研究过《共产党宣言》。于是，我给大家留

下了良好的读书人的印象。而事实上，这是书评上看来的观点，我只是巧妙发挥了一下。我根本不知道我在说什么，还好话题很快就转移到了如何在北京炒房地产上，不然我这个伪读书人就露馅了。

我年轻的时候认识一个读书非常多的男孩子，他很刻意地不修边幅，但瞎子都能看得出他是个知识分子。他随时随地都在看书，马桶上、床头上这些地方就不用说了……反正可以说是练就了一身的看书功夫。这人现在得有五十多岁了，最近听说他从写自己的书堕落到给老板写传记；从被两三个比他小的女生崇拜，到巴结一个比他大十多岁的老女人。我已经多年没有见到这个人了，但是如果这些都是真的，那读书的长期效益还是值得怀疑的。

我老觉得这盲目的读书没啥用，看完书倒背如流是对知识消化不良的表现，就跟吃了一顿大餐以后抱着马桶呕吐一样，那营养根本就没被吸收进去。那些一天到晚嘴边挂着名人名言的人，大概都是有消化问题的人。

至于卖包的和教书匠的故事，最近听说他们又邂逅了一回，还是在飞机上，都在头等舱。教书匠拿到了终身职位，因此也开始穿国际名牌了；而卖包的去上了个EMBA，回来也升为品牌经理了。两个人在飞机上聊得非常投机。

读书的目的不在于是否能换得地位和利益，而在于从中所学到的知识，书本的内容是他人思想的精华，是前人智慧的结晶，从中能得到的哲理和人生智慧是金钱无法衡量的，那是人生真正意义上的升华。

人，总有根据前人思索过的记忆来使用眼睛的习惯，因而一切东西都一定还有未被探索到的地方。

——福楼拜

徐帆：我用妙语震撼你

笑 兄

徐帆是中国最优秀的女演员之一，而生活中，徐帆却是一个很直爽、风趣的人。据她说，自己的这种幽默是受老公冯小刚的耳濡目染，但是冯小刚却偏偏叫她——"徐老师"！

嫁狗随狗

在冯小刚的《我把青春献给你》一书中，徐帆这样幽默地写道："我觉得我们俩在一起是一种互补，虽然也有磕（kē）磕碰碰，那都是我们生活中的点缀。我属羊，他属狗，这辈子我是被他看死了，谁让他

是只牧羊犬呢。有了牧羊犬看护的羊，走路、吃草都踏实。其实我也很怀念以前的旧时代，那时候的女人嫁了人之后都随丈夫的姓，一听就能知道是谁家的媳妇。曾有一阵兴起个性车牌，当时我想，如果我要是上车牌的话，我一定在我的车牌前加上'FXS'三个字母，就是'冯徐氏'。"

在新片《唐山大地震》中，徐帆完美出演了"母亲"这个角色，有记者问徐帆，以前冯小刚夸过她是贤妻良母吗？徐帆没有"谦虚"，风趣地说："以前贤妻是可以，良母就是未知数。现在看到了，我做妈妈做得还可以哈，还挺有模有样的。他原来是想不到会这样的。"

与人斗，其乐无穷

对徐帆来说，有冯小刚这样"著名"的老公，真算得上是一种骄傲的负担。随着冯小刚地位、权力、话语权的节节攀升，身为演员的徐帆要随时随地接受一切与冯小刚相关的话题，这是幸福还是无奈呢？当记者问出这样一个问题时，徐帆大方地回答："很正常，因为我是他老婆，搁在一起说也是应该的啊，总比人家说'他们俩掰（bāi）了'好啊！"

徐帆和冯小刚平时都很忙碌，徐帆演自己的戏，冯小刚拍自己的大片。有一天，在某电视剧的发布会上，有人问徐帆说："你在这部电视剧中演一个'第三者'，要是生活中万一老公有了情人怎么办？"

徐帆一脸狡黠地说出几个字："与人斗，其乐无穷。"

总不能说他好看吧

关于冯小刚的外貌问题，一直困扰着冯小刚，当然也困扰着徐帆。冯小刚曾经自嘲地说，徐帆这朵漂亮鲜花左躲右躲最终还是插在了牛粪上。有一天做节目，有一位观众对徐帆说："我觉得你比电视上看漂亮，但冯小刚长得实在不敢恭维。"

徐帆幽默地说："对对对。总不能说他好看吧，但他很酷。"

又有一次,有位影迷在电话里很直接地说:"徐帆,你长得那么漂亮,老公冯小刚却很丑。"

徐帆对此一点都不介意,她笑着说:"嘿嘿,这不正是'男才女貌'吗?"

最干脆的女人

徐帆在娱乐圈是个出了名的"爽直女人",娱乐记者最喜欢的就是她这样的明星。因为她从不藏着掖(yē)着,无论是面对记者还是观众,她总是愿意大方地"掏底儿"。她常常对媒体说:"不就是问吗?问我,我就把底儿都给你。"有时候,对媒体的一个问题,换成别人,会绕很多圈子也没说出个所以然,徐帆却嘎嘣(gā bēng)脆地一一作答。

在某个发布会中,观众问了她一堆热辣的问题:

一名观众问道:"你的家庭现在还好吗?"

徐帆一本正经地回答说:"还过着呢。"

又有观众问:"听说冯小刚追你的时候特别不容易?"

徐帆笑着说:"请您去书店,有本书叫《我把青春献给你》,请参考这本书,冯小刚写的,里面说得可详细了。"

有一次,一个好奇的观众问:"你现在工作忙不忙?有没有什么娱乐?"

徐帆回答说:"我们光娱乐了别人,自己一点都没娱乐。"

乐观坦率的性格总是那样引人注目,直爽坦率地面对问题,总比遮掩躲避的故作神秘好,在绯闻不断、人员混杂的娱乐圈之中仍然保持这样纯真的心态,这正是徐帆的魅力所在。

彗星是由大团含有冰粒及尘埃物质的冰冻气体组成的天体。彗星通常分为彗核、彗发和彗尾三部分。彗核由密集的固态物质组成,其直径在数千千米以上。最大的彗核直径超过180万千米。

才华总是通过独立的精神上的活动才能成长起来。

——车尔尼雪夫斯基

那些语言无法表达的存在

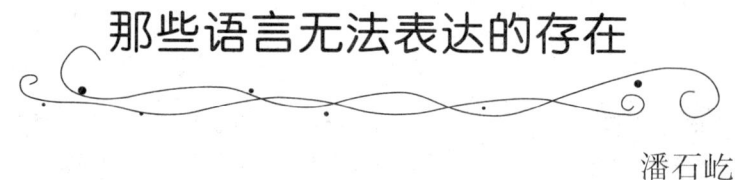

潘石屹

一天晚上,我与朋友约好吃饭。见面时,他说有另外一个朋友想见我,都跟他说了一年多了。于是就请过来一起吃饭。我们俩是有多年交情的老朋友,很快就聊到了共同思考和关心的话题——宗教信仰。聊这样的话题与年龄、经历、心境有关,更与谈话对象是不是知心有关。你不会对一个不了解的人谈论这样的问题,谈了之后对方也不一定能理解。这样的交谈只能在知心朋友之间进行。

可是我们俩畅谈正欢时,那位新认识的朋友总是拿着自己的iPhone,每当我们谈到一个概念或词语时,他就会在他的iPhone上查这个词,再给我们读一遍解释。我们俩谁也没有把注意力集中到他的解释上去,继续我们的谈话。不一会儿,他又给我们读另一个解释。

我忍不住劝阻他,给他讲了一个故事:慧能用手指头指着月

亮,让弟子看,目标是月亮,但拘泥于具体词语和动作的弟子只看到慧能的手指头。慧能说,我们要看的是月亮。手指就如文字,我说,你刚才读的解释都对,但我们讲的是另一个世界的事情,不好套用这个世界的解释。我真是无法表达清楚我想要说什么,一时语无伦次,有点失礼。

这又让我想起阮籍在苏门山见到孙登大师的故事,阮籍用了无数语言倾诉自己的疑惑,孙登一直闭目不答。当阮籍停止询问发出"啸"声时,孙登睁开眼睛笑着说:再"啸"一次。"啸"完之后孙登又入定了。阮籍下山时,他听到了孙登用更雄伟、更动人的"啸"来为他送行。在天籁般的啸声里,一切都明了了,一切都有了答案,一次美妙的交流完成了。语言没有建立起阮籍和孙登的对话和沟通,倒是在山上、山下的"啸"建立起心灵的沟通,得到种种疑惑的答案,达成一种特殊存在的共识。

竹林七贤里的另一位名士嵇康在临刑前，没有去写遗嘱，而是让他的哥哥嵇喜拿来琴，在断头台上，他弹了《广陵散》这首音乐。唯有音乐才能让他作临终前最完美的表达和人生的总结，这些都是用语言无法表达的。

朱自清在"心颇不平静"的日子里，在荷塘边上散步，他的思绪从荷塘、荷塘边上的煤屑路、荷塘里的荷花与荷叶那里飞了出去，"超出了平常的我，到了另一个世界"。与古人同游、与圣贤对话，他的心灵和荷花一样经历了一次像用牛乳洗了一番的洗礼和陶冶。"猛一抬头"，他回到了现实，"妻已经熟睡了"。我们每个人都可以进入这样与古人同游、与圣贤对话的境界。这样，朱自清的《荷塘月色》才能引起共鸣，打动人心。

具有"超脱"的美德，就容易进入这超凡脱俗的美好状态，让自己获得力量、智慧。在友爱、快乐、幸福、宁静的心情下容易获得这种状态；相反，仇恨、嫉妒就会把人的注意力集中在对尘世俗物的关注上，就会使人远离这种美好的状态。

梁实秋也写过这种状态。他在屋内焚了一炉香，屋内很安静，香的烟线一直戳到顶棚上，他的心很平静，他一步步进入这种美好的状态，他怀念这种状态，不愿意从这种状态出来，一只苍蝇碰到玻璃上，或"催租吏""石壕吏"之类的事情发生，一下子就把这种美好状态破坏了，被拉回到现实中来。

说得远了，现代很多写出感人文学作品的作家，他们的创作条件在外人看来都是惊人的简陋、孤独。一旦他们成名，无数的应酬、世俗的干扰便会使他们再也无法进入那种美好的状态，文学作品也就越来越平庸了。我不敢写出这些作家的名字，中国、外国都有。

这种美好的状态会在梦里找到，会在音乐里找到，会在自己内心里找到，还会在祈祷时找到，但在电子词典和百科全书的词条解释中是很难找到的。这些无以言表的存在是上天的馈赠，需要我们用超脱的心去领受。

那些无法用言语说明的存在是上天的恩赐,那是一种心灵的感受,即使口若悬河、舌灿莲花亦无法表达其中的意蕴,那需要我们用宁静的心灵摆脱世俗的束缚、超脱于梦幻与现实之间,在迷惘与安宁之中才能领会的。

秦始皇陵位于西安市临潼区城东大约五千米,距西安市城区大约三十七千米,南靠骊山,北临渭水。地质学家根据卫星拍摄的图片观察,从骊山到华山仿佛一条龙,秦始皇陵恰恰位于龙头眼睛的位置。我们知道,在我国自古就有"画龙点睛"的说法。

人是为思索而降生的,所以人一刻也不能不思索。

——巴斯卡

毕加索的幽默

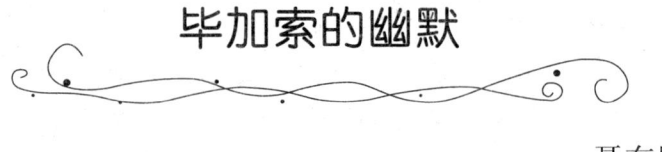

聂东甲

一

有一次,在巴黎,毕加索和一位美国士兵谈起了绘画。士兵坦率地告诉毕加索,他不喜欢现代画,因为它们不真实。毕加索听后若有所思,但没有马上开口说什么。

几分钟后,这位士兵拿出他女朋友的照片来给毕加索看。

毕加索拿在手里看了两眼,故作惊讶地叫道:"天啊!难道她就这么一点点大吗?"

二

有人问毕加索,在他的心目中美术界是否出现过奇迹。

"自然是有的,"毕加索马上答道,"列宾(俄国绘画大师)就是一个奇迹!"

"你真的这样崇拜列宾吗?"

"那倒未必。我只是说,列宾一生只创作过2 000幅画,但现在世界上保存的列宾的作品竟远远超过这个数,这难道不是奇迹吗?"

三

一次,毕加索在法国海滨游玩,一个小男孩在父母的指示下,拿着一张纸朝毕加索跑过来,请求大画家给他画一幅画。毕加索考虑了一下,然后把纸撕了。接着,他拿出几支彩色蜡笔在孩子的胸口和背上画了一些图案,并签上了自己的名字。

然后,毕加索对朋友说:"这孩子的父母,大概再也不会让他洗澡了。"

用美好的心灵去看世界,才能乐观地面对生活中的失望;多保留一份他人的友善,才能乐观地面对现实中的冷漠。对他人的不解与质疑一笑而过,对社会中的虚假和利用不予理睬,才能体味人生的快乐。

"腊"在古代原本是指一种祭祀的礼仪,而"腊日"则被视为节日进行庆祝。汉代以后才开始将冬至后的第三个戌日定为"腊日",但这一天不吃腊八粥,只是专门祭祀诸神。直至魏晋南北朝时期,农历十二月初八才被正式定为"腊八节",人们在这一天祭祀祖先和神灵,祈求丰年和吉祥。

> 不加思考地滥读或无休止地读书，所读过的东西无法刻骨铭心，其大部分终将消失殆尽。
>
> ——叔本华

我们要什么样的现代化？

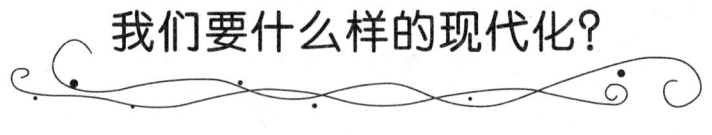

江晓原

没有科学技术就没有现代化。但是，我们不能把科学技术想象成是完全美好的。归根结底，人类的幸福比科学技术本身更重要。

失控的科学技术

科学技术到底有什么不好？非常重要的一点是，科学技术有可能会失控。而且很多技术失控的后果是不可逆的。

最初人们开发出杀虫剂的时候，有非常好的愿望。我们期望能用杀虫剂把害虫都杀掉。但没有想到的是，虫子很快就通过进化获得了抗药性，每一种杀虫剂在用了一段时间以后就杀不死虫子了。于是人们就不断开发新的杀虫剂，过一段时间虫子又杀不死了……几十年来，我们和虫子之间的斗争就这样反复延续着。我们开发了各种各样的杀虫剂，而那些害虫并没有被我们消灭掉，它们仍然伴随着我们。而且，我们今天的生态环境已完全离不开杀虫剂：我们吃的蔬果、粮食在其种植过程中都需要使用杀虫剂。我们多年来使用的杀虫剂已沉淀在土壤里，残留在水和空气中，不断进入新的生态循环……

对此，我们不妨追问一下：如果最初引进杀虫剂的时候，我们就知道后果是这样的话，我们还有必要引进它吗？在杀虫剂发明之前，人类不是照样吃粮食、水果、蔬菜吗？那时尽管有虫子，但它们并没有把我们的粮食都吃光，让我们吃不到水果和蔬菜啊。可见，本来在整个生态环境中，杀虫剂并不是一个必要的东西。它恰恰是对生态环境的干扰，而当这个干扰出现之后，它的后果却不可逆转了，你现在不用杀虫剂都不行了。

这个例子就是不可逆的例子，杀虫剂的例子在一定程度上就是失控。当然还不是失控得很严重，因为现在整个局面还是可以容忍的，但已经是不可逆的了。

并非越快越好

关于现代化，我们可以反思的第二个维度是：在我们以前的观念中，科学技术是那么的美好，我们当然希望它发展得越快越好。我相信在座很多人从小念书接受的教育都是这样的。但现在我们有必要提出这个问题：科学技术是不是发展得太快了？

比如，本来人们一直都认为家里有一台洗衣机就够了，而且，很多家庭主妇也知道，对于她自己的手帕、袜子、内衣之类的东西，用手洗

一下就可以了。但是国内有个知名家电厂家就开发出了一种很小巧的转筒式洗衣机，宣传说这个洗衣机就是适合洗手帕、袜子之类的小东西。这个产品一投放就畅销，很快就卖断货了。现在不少城市家庭都有两个洗衣机，大家都觉得我们确实还需要一个小的洗衣机，这样我们更方便了。

如今，这个例子经常被当做厂家成功开发消费者需求的经典案例来说。我承认它是很成功的。但它其实已经超出了我们原先生活中的必要需求。我们的这些新需求都是被"开发"出来的。

现在我们应该担心的是，科学技术是不是发展得太快了？比如克隆人这种事情，根本不是我们今天的需求，而完全是科学狂人的狂想。对于这样的东西，我们完全用不着企盼说，快点把人克隆出来吧！我们反而要约束它。为什么各国都在法律上约束这个事情？就是觉得这个东西发展得太快了。科学研究是应该有禁区的。尽管在不同时代，这个禁区可以有所不同，但如果我们在一些问题上（比如涉及伦理道德的问题）还没想好、还没准备好，我们就不该急着去闯那个禁区。

被现代化挟持的我们

本来，科学技术是帮助我们谋求幸福的。但从某种程度上来说，我们正在被现代化生活、被技术的不断发展所挟持。我觉得这是一个重要认识。很多人可能不接受这一点，现代化生活怎么会是强加的？不正是我们全心全意想要追求的吗？

这里我再举一个例子：环保人士也买车。我有个投身于环保活动的朋友，他认为，整个现代化的生活方式都是非常不好的，但是前不久他对我说，他也打算买车了。此外，现在几乎所有现代化的东西，他没有不用的。于是我问他，你整天讲环保，你干什么还买车啊？你难道不应该身体力行，尽量不这么做吗？他的回答是："我买车是被迫的。"包括手机、电脑、互联网，他说我都是被迫去用这些东西的。因为，在如今这个现代化的都市里，我如果不用这些东西，我就没办法好好生存下

去,于是,我必须用这些东西。那么,他生存在这个都市里在于什么呢?他说,我就是要宣传环保,提倡重新认识现代化。大家听出了问题没有?这其实就好比得了好处,还要指责好处本身的不是。因为他觉得他过的现代化的生活是被迫的、是被周围的环境设定的,他有权反思这个现代化。

其实,现在好多现代化的东西,都是类似的。从某种比较极端的意义上来说,就像"毒品",我们用了以后就离不开了。但是我们应该清醒地认识到,我们不能因为今天用了它们,就有义务去歌颂它们。我们要改变这个想法。有一些东西虽然你没有明显感觉到被胁迫去使用,你觉得用的时候还是很情愿的,你也要时常保有一种自觉批判的态度。也就是说,即使你过上了这种生活,你也要认识到这个生活未必是最好、最合理的,只是你现在已不得不过。也许,没有它们的时候,你的生活其实更幸福。

归根结底,人类的幸福比科学技术本身更重要,这是最根本的一个原则。

科学技术的进步改变了人们的生活环境,给生活带来了更多的便捷,但是,在享受这种便利的同时,我们不得不看到它所产生的负面影响,我们牺牲了生态的平衡和生活环境的健康,并且逐渐被科技的物品所异化,成为它们的奴隶,因此,科技的未必是好的,而自然的未必不好,好坏的标准在于是否能给人类带来幸福。

彗尾特别明亮,似一把扫帚,故彗星又被称为"扫帚星"。它只有在接近太阳时,在太阳风的压力下才能出现。

不会思想的人是白痴，不肯思想的人是懒汉，不敢思想的人是奴才。

——尼采

把喜马拉雅山炸开一道口子

冯小刚

有一次，我们一帮导演应邀与某老板座谈，地点是在门头沟的山庄小院里。

我们被引领着走进一个院子，看见一群人正围成一圈读报纸。这时有人把老板介绍给我们，又把我们一一介绍给老板，我的印象中，老板那天穿得很朴素，一件白衬衫，挽着袖子，脚上穿着一双布鞋，看上去

一点都不像财主。

老板笑着和我们握手，同时告诉我们，他正在组织公司的年轻人讨论中国足球如何能够走向世界。

老板手里剥着花生，说话声音很小，有点像自言自语。他说："我们现在从事的是第四产业，世界上有一些人手里握有大笔的资金，但是没有用，比如说银行、基金会；世界上还有一些人充满智慧，知道自己要干什么，但又苦于没有资金，比如说各位导演。我们的任务就是，把那些放在那儿没用的钱交给需要它的人，这就是第四产业。"

他又说："我们现在正在论证一个震惊世界的设想，把喜马拉雅山炸开一个宽50公里的口子，让印度洋上的暖湿气流经尼泊尔吹进青藏高原，彻底改变那里恶劣的生态环境，摘掉那里的落后帽子，把青藏高原变成美丽富饶的鱼米之乡。"

我当时都听傻了，很多天闭上眼睛，眼前就出现炸开喜马拉雅山的画面。事后，我问懂行的人，老板的创意是否可行？得到的答复是："扯淡！"把喜马拉雅山脉炸开一道50公里宽的口子，至少需要数百颗原子弹的爆破能量，爆炸后会产生两种后果：一是，连青藏高原带尼泊尔王国的生态遭到毁灭性的破坏，至少上百年寸草不生；二是，一旦印度洋上的暖流吹到喜马拉雅山的北麓，积雪融化，青藏高原下面的十几个省全都会被泡在水里了。

虽然很扯淡，仍能看出老板具有超凡的想象力，那种立志为国的精神令人敬佩。后来拍电影《不见不散》的时候，我忍不住，借葛优的嘴把老板的惊世设想告诉了观众。没想到，影片试映时，惹怒了几位身为政协委员的科学家，写信告到中央首长那里，说我们剽窃了他们的创意。北影随即收到通知，由韩三平厂长亲自上剪接台将有关台词剪去。我得知这一情况后，哭笑不得，为我们的民族竟拥有这样几位理想如此远大的科学家瞠目结舌。

喜马拉雅山啊，你可惨了！雅鲁藏布江啊，你等着哭吧！

那些荒谬至极的言论，常常是众人皆知的妄想，却总有人乐于相信追捧。然而，即使真的有人舌灿莲花将谎言说成事实，虚假荒谬的泥池中也开不出盛美的莲花。

多数彗星都沿着扁长的椭圆轨道环绕太阳运动，称之为周期彗星。在地球上能看到的按照一定同期出现的彗星大约有三十余颗。其中最为著名的是哈雷彗星，运行周期是76年。

书读得越多而不假思索，你就会觉得你知道得很多；而当你读书而思考得越多的时候，你会越清楚地看到，你知道得还很少。

——伏尔泰

辩护律师

[保加利亚] 埃林·彼林

区法院全体出庭，审理高罗谢克村农民米特里·马林的案子，他的邻居彼得·马林控告他打死了他的马。

法庭的窗口正对着街对面一排房子的白墙，这排房子在阳光照射下耀眼地闪着白光，更显得法庭上阴沉沉的一派晦气。大厅里十分闷热，空荡荡的几乎没有什么人。只有两三个被传来作证的农民畏畏缩缩地坐在自己的位子上，张着嘴巴听着。

辩护人——一个小矮个的胖律师出庭了。他挺着滚圆的肚皮，脑袋光秃秃的，穿着一套破旧的西装。他的眼睛总是盯着庭长，有时也会从口袋里掏出手来指着被告，竭力想使听众感到惊讶和激动。但他的嗓子发哑，声音沙沙的，就像个破罐子似的。他仰起头，向天花板翻着白眼，仿佛是呼告上苍。在说完每一句话之后，他便略微向前移动一下，把两只手摊开。但是法官们僵硬的、不动声色的面孔表现出来的只是一种习惯了的冷漠，同往常一样，不给人任何希望。

庭长沉浸在深思中。一个法官在画小马；另一个，毫无疑问，是一个喜爱音乐的人，画了一个大音符，现在正竭力把这个音符扩大。

被告米特里·马林是一个身材不高、长着亚麻色头发的农民。他赤着脚，穿着一件小褂，手里拿着帽子站着，正在看一只嗡嗡飞着往玻璃窗上撞的大苍蝇。辩护律师文绉（zhōu）绉的华丽辞藻，他一个字也听不懂。在律师停下来咽一口唾沫的时候，米特里回头对门旁漠不关心地咬着指甲的杂役高声说道："朋友，你把它，那个讨厌的家伙，放出去吧。它嗡嗡地叫得烦人呢。"

法官们用一种又觉得好笑、又觉得可怜的神情看了看他。庭长摇了摇铃。

"米特里·马林，不要放肆！你所处的地位并不光彩。你不应该多说话。"

"哈，它飞走了！"米特里指着窗子说道。

法官们都笑了。辩护律师严厉地瞅了他的委托人一眼，随后脸上浮现出了笑容，继续说道："是的，法官先生们，我们应该考虑到这些情节。换句话说，我们应当了解一下我的委托人的心理状态，这就是说，正确地估计当时的情况。诸位可以设想一下，乡村里的夜晚，黑得像地狱似的，伸手不辨五指。我的委托人躺在院子里或者打谷场上的什么地方，正在履行神圣的公民权利，守卫着他用血汗换来的麦捆和麦垛。这就是说，他在保护自己的劳动果实。诸位先生设想设想这一切吧。他躺在那儿，每天的劳动把他累得精疲力竭。他忘掉了一切。正如诗人所说的，他忘掉了妻子、儿女和天堂（证人们惊疑地相互看了一眼）。我的委托人因劳动过重，疲惫不堪，便沉沉地睡着了。

"但是突然……发生了什么事情呢？法官先生们，什么事情呢？我

真是没法形容了,人的舌头是说不上来的……我的委托人醒来了,他看见……这还了得!他的性命真是到了千钧一发的时候了。他的头顶上站着一个丑陋不堪的庞然大物,这个怪物眼看就要把他吞下去了。在万般惊惧之中,我的委托人简直就失去了知觉。他看见无数火舌从怪物的鼻孔里喷出来,血红的眼睛冒着熊熊的火焰。他吓得浑身发抖。他忘记了他是在什么地方,这是怎么一回事!他在半睡半醒的状态中抓起枪来就放。怪物倒下了又爬起来,跳过篱笆,往野地里跑去。它钻到那儿的一个干草垛里,痛得直抽搐,后来……就死掉了。

"法官先生们!这个怪物只不过是彼得·马林的一匹马,一匹价值不过50列瓦的可怜的瘦马,那么请问,我的委托人对此负有什么责任呢?他在哪一点上犯了罪呢?先生们,在哪一点上?法官先生们,仔细考虑考虑这一切再判决吧。诸位记得,有两种法律:一种是神的法律,它叫每一个人保护自己的生命;一种是人的法律,它把人的行为分成正当的和犯罪的。这两种法律都证明我的委托人是无罪的!"

辩护律师神气十足地看了看周围,擦去了额上的汗,向委托人递了个眼色,便坐下了。法官们彼此间低声交谈起来。庭长摇了摇铃喊道——

"被告米特里·马林！"

"有！"他像军人那样答应道，并且两手垂着站了起来。

"关于这个案子你有什么可说的？"

"谁？我吗？"

"当然，是你。现在是在问你！"

"我要说的和他说的完全一样。是的，都对，完全是那样。"

"你说说看怎么都是一样？"

"这匹马是这样！"米特里高声喊道。"它每天窜到我的院子里来窜惯了。我对彼得说过很多次：邻居，圈起你的马来吧，狼会咬死它的！它是个害人精，明白吗？我的园子让它踩坏了。只要天一黑，'扑通'一声，这家伙就跳过篱笆来了，简直把我害苦了！法官先生，再没有比南瓜更可惜的了。我对您说实在话，我真心疼它，南瓜已经长得这么大了。可是这匹该死的马，竟把它踩坏了。我忍着，忍着——好吧！我想，你等着吧，我一定给你点厉害看看。我把枪装上子弹，开始等着它。到了半夜，我刚打算躺下，就听见'扑通'一声，它跳过篱笆进来了！就是它，这个鬼，再不会是什么别的了！"

"那么，后来怎么样了呢？"庭长问道。"后来？后来还有什么呢。我瞄准了……一枪就把它打死了。"

"后来呢？"

"后来我和我的老婆就把它拖到村子外面去，埋在那儿的干草堆里了。我们想把它藏起来，可是没有藏住……"

辩护律师听着他的委托人在坦白地承认，气得浑身发抖。他竭力用眼睛去搜寻米特里的目光，想瞪他两眼。但是米特里好像完全忘记了这位辩护人，只顾看着庭长一个人。

"你看，这匹马能值多少钱？"庭长问道。

"我哪儿知道？马是挺好的。"米特里答道。

辩护律师气愤地把文件往桌子上一摔，忽地一下站起来。

法官宣布退庭。辩护律师把米特里叫到走廊上，气得直哆嗦地冲他喊道："畜生。你要是不会撒谎，为什么要请律师！"

于是他怒不可遏地顺着楼梯走下去了。

人们常说法律是上天赐予的最为公正的、维护人们利益的条例，法律面前人人平等，每个人都必须遵守，却总有一些人妄图钻法律的空子，用华丽的语言来粉饰自己的罪行，这是对他人利益的践踏，是虚伪的欺诈。

白金汉宫自1837年开始作为英国君主在伦敦的官方居所。它是由18世纪初白金汉公爵所拥有的城镇居所演化而来。今天的白金汉宫是女王的官方居所。尽管白金汉宫常被用于一些官方事务和女王待客，不过它的一些区域仍然长期对参观者开放。

对于书本知识，无论古人今人或某个权威的学说，要深入钻研，仔细咀嚼，独立思考。

——马寅初

塞车的好处何其多

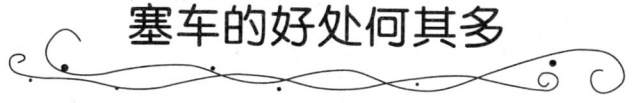

魏剑美

据说，现代社会考量城市是否繁荣的一个重要指标就是交通的拥堵程度，身为市长说自己的城市"塞车塞得天天瘫痪"绝对是一件很有面子的事情，就好像说自己的GDP高到了月球上一样……随着认识水平的提高，我也越来越意识到塞车的好处。

首先，塞车大大有益于精神文明建设。你想啊，大伙儿窝在"汽车长龙"中无所事事，自然就大大促进了"短信文化"和"地方文化"的繁荣。这"短信文化"可是现代科技文明，段子一收一发，呵呵，差不多就和国际接轨了，更何况还有中奖喜讯之类的消息可以进行智商测试。

这"地方文化"更值得大书特书，譬如我所在的长沙市，每逢塞

车无论是公交司机还是的士司机，必定要用纯正的长沙话骂娘。据说绝大多数外地人都是在公交车上完成的长沙话启蒙教育。更可贵的是，司机们从来都没有收取过一分钱的学费。

其次，塞车促进读书风气的形成。调查显示，中国人人均每天读书不足15分钟。我敢肯定，这15分钟还是得益于公交车。如果没有司空见惯的塞车，咱中国人人均读书只怕还不到一秒钟——那是不小心瞅着了孩子的小人书。不过随着交通状况的日益恶化，中国人的读书风气必然会越来越浓，一不小心给弄成人均每天读书24小时也不是没有可能——至少对没有座位、无法酣睡的乘客来说是很有可能的。我有一个朋友就是在公交车上完成了全部17门自考课程的学习。

不过最牛的是另外一个朋友，他愣是挤在公交车上看完了厚厚一摞的《二十四史》。我敢打赌，如果他再在城里挤几年公交车的话，只怕《四库全书》都要给他读完了。

有时候我想，其实每个城市最好的大学就是公交车。在拥挤不堪的车上，你或坐或站，再抬头望一眼漫无边际的浩瀚"车龙"，你唯一后悔的就是身上背的一包书不够用。

再次，塞车有利于人际关系的融洽。你想想，平日里大伙儿都为柴米油盐而打拼，连隔壁人家姓甚名谁都不知道。这下好了，挤在同一辆车上，无话找话，两三个小时下来，张家儿媳的表姐夫的二舅的朋友的同学刚割了双眼皮，李家姑娘的男朋友的姑妈的亲家的花猫新近下了几只崽，都给谈上了三四遍，真正做到了"家事、国事、天下事，事事关心"啊！

第四，塞车有利于人民群众身体素质的提高。你想想，咱小老百姓哪一次坐车不是打一场旷日持久的攻坚战——从抢占车门，选准角度，奋力进攻，到飞夺座位，再到拼杀立足空间，每个环节都需要手脚加屁股合力并用，顶走老弱病残孕，力压动作迟缓人，简直是充分利用了上帝赐给我们人类的每一个器官。有时候我想，如果我是领导，要招聘员工的话就守在公交车站，那些抢座位表现优异者绝对都是人才，不仅身体素质上佳，心理素质也绝对过硬，世界归根结底是属于他们的。

　　第五，塞车有利于遏制房价上涨。不少人抱怨房价居高不下，虽然政府一再出招降温，但效果欠佳。照我看来，这房价虚高只说明一个问题，那就是我们的塞车程度还远远不够，随着城市交通状况的进一步恶化，房价必然要大大下滑。你想想，如果你一天中差不多有半天是在公交车上度过的，还去花钱买房你冤枉不冤枉啊？换我这样的聪明人肯定就将钱都花在买公交公司的月票上了！咱整天在公交上挤着，也花不了几块钱人民币，据说还有很多人都是在车上度过了自己的生日庆典……

　　总之一句话，塞车的好处说不完，塞车让生活更美好，塞车给了我们美满幸福的新生活。

　　日子总是像细沙般，在指缝中不经意地悄然滑落，我们在享受科技发展给生活带来的便利的同时，也不知不觉浪费了许多宝贵的时间，不如将这些零碎的时间都利用起来。

　　一颗彗星的质量几乎全部在彗核上，彗尾虽然长，但主要是气体和尘埃，而且所含物质极为稀薄，密度只有地面空气的十亿亿分之一。

在智慧方面,快乐地加入旅行的人很多,而能登峰造极的人是很少的。

——夸美纽斯

生命在于静止

魏 蜀

生命在于啥?

有人说,生命在于运动,运动促进新陈代谢,给人以活力。有人说,生命在于静止,你看乌龟能活千年,这奥妙就在"静"字上。

争论没有止境,探讨很有价值。有明智的人给出了一个最妥帖的答案:生命在于平衡,在于内在心灵和外在躯体的和谐——和谐即是静。

静能养心。手里捧着一杯龙井,屋里放着轻音乐,你斜躺在沙发靠椅上,沉醉在这美好的休憩(qì)时光里。《本草纲目》上说,松弛神经,可使人耳聪目明,心平气和,精神焕发。

静能生慧。现代社会竞争激烈,工作压力大,加上家庭事务、人际关系繁杂,使人们常处于紧张状态，疲于应付。

心理失衡成为生活常态。人在这种环境下，最需要的是豁达、克制、隐忍，以排除烦恼、郁闷、懊丧等种种坏情绪。这就要求人们具有拿得起、放得下的精神——放得下即是静。放得下，更是一种智慧。

静能聚福。一个在上海从事金融行业的青年说，我们现在一刻也不能耽误了，必须去奋斗、奋斗、奋斗！当问及如何奋斗时，青年略作沉思，说了一句："闹处取财，静处安身。"可见，一动是为了九静。静，才是安身立命之本，才得以安然地聚福、纳福。

静能致远。古人说过，不淡泊就不能明晰志向，不宁静就不能高瞻远瞩。静，才能让人达到诗的境界，达到禅的境界，达到哲的境界。

静能生动。著名相声表演艺术家杨少华说，"运动"不等于没事找事地到处蹿跳，静止也是一种运动。这里所说的"静止"不是表面的，而是有其更深层的意义，它指的是"用心"，让人的思想、意念动起来。

正所谓高手对弈——一卒未动，胸中已走百步棋！

动是一时的动，静是一世的静。俺在川上曰，生命在于静止。

静，是一种境界，需要一种豁达、克制的心态，才能脱身于世俗的牵绊，正所谓宁静以致远，而生命的意义就在于宁静祥和的快乐，品味人生的乐趣。在现代社会中，人们忙碌于高节奏的生活，紧张的状态使人们身心俱疲，人们更加需要一份身心宁静之下的安详。

吸收别人的知识，我们的学问可变得更渊博；但是别人的智慧却无法帮助我们变得更聪明。

——蒙太奇

幽默也是一种实力

柴　静　周立波

柴　静：你知道，很多人在关心你，非常希望能看到你长久的生命力。但是也有人会说，中国人有一句老话，叫"眼见他起高楼，眼见他宴宾客，眼见他楼塌了"，我们见过这样的故事。

周立波：对，我也见过。但你知道，还有一句话，叫"木秀于林，风必摧之；堆高于岸，流必湍之"，这是一个社会现象。

柴　静：会给外界一个印象，人一红了，原来的生活就分崩离析了？

周立波：因为这个世界发生太多这种事了，我现在处于第一句，"原来他是个这样的人"，然后"原来他不是这样的人"，我还是我这样一个人，无所谓。

柴　静：我们关心的是成名之后的周立波，会不会失去一些原来简单和真挚的东西？

周立波：没有，我的朋友还在。

柴　静：你不会担心被名利裹挟吗？

周立波：不会。就是我看人更清晰了。我的核心竞争力是我的创作力，对吗？

柴　静：有人觉得你在节目中埋汰东北人。

周立波：我们在春晚一直被东北人埋汰，他们说了20年我们上海人，跟着一块儿笑了20年，我说了一句他们就跳了，这说明什么呢？

柴　静：你说过吃大蒜之后，会让别人难受，而我喝了咖啡之后，我让别人觉得香。是不是有个优越感在里面？

周立波：那不是。在对比产生后的噱（xué）头，是很好玩的。这很有趣，让大家话都能接得住，我跟郭德纲之间我觉得是一种有趣，他说我的任何一句话，我真的不生气，哎呦，来了。

柴　静：就像你们俩打球？

周立波：我觉得有趣，蛮有趣的。那个"大蒜与咖啡共融，秋水共长天一色"，我觉得是一种乐趣。郭德纲是我非常喜欢的一个表演艺术家。

柴　静：你把他称为艺术家？

周立波：当然，所以我就说，如果相声有明天，郭德纲功不可没；如果相声没了明天，跟郭德纲没关系。

柴　静：你觉得他是一个很大的对手吗？

周立波：没有。热带鱼和河鱼完全不同，都在鱼缸里面，但不在一块儿。社会的先进性就是由社会分工的细化开始的。一个文明的社会是由细分开始的，越原始越粗糙，越笼统越粗糙。

柴　静：我几乎看每一个节目，都在问同一个问题，海派清口跟二人转哪个好？谁是第一？

周立波：你看我的回答多智慧：由南向北周立波是第一，由北向南周立波是最后，海派清口和二人转、相声之间，是相同经度不同纬度的东西。

柴　静：其实很多人是担心你会膨胀。

周立波：他们以为我已经膨胀了，他们认为膨胀是因为他们不知道我的容量。这人两杯啤酒下去，喝醉了，他不知道他能喝 20 杯，所以大众没错，他也没错。

柴　静：你不担心对自己的判断会出点失误吗？

周立波：一个 43 岁的男人对自己的判断应该不会失误，半世人生都走过了。

柴　静：但是这种自信会不会让你低估以后会面临的风险？

周立波：不会。因为我知道自己的能力。也许我是你采访过的最智慧的嘉宾之一。

柴　静：你反正是我见过的最肯定自己的嘉宾。

柴　静：幽默就是力量，这话怎么讲？

周立波：幽默是一种状态，幽默也是一种实力。

柴　静：但是你要知道，其实我们这几十年对幽默是很陌生的。

周立波：这个世界每天都在接触很陌生的东西，对吗？

柴　静：你会觉得是恰逢这个时代吗？

周立波：不，我们都是时代的幸运儿，是社会进步了。

柴　静：进步是指什么呢？

周立波：各方面进步了，社会宽容了。这是社会多元化的必然趋势，只不过我是在风口浪尖，我是第一个敲门的人，其实里面早就在说：进来吧。

幽默是一个人面对生活的态度，是乐观的心态和机敏的智慧的体现。在社会不断进步的现代，幽默的本意并没随时间的流逝而发生改变，就是勇于嘲讽自己而不失身份，能为生活带来欢乐的气息，更能让别人尊重你。

自己的智慧一两等于别人的智慧一吨。

——斯特恩

羽坛一哥"超级丹"的幽默

陈杜伟　整理

2010年5月，在汤姆斯杯羽毛球比赛中，林丹接连挑落"克星"朴成焕、"世界第一"李宗伟、"昔日霸主"陶菲克，使中国队实现汤杯四连冠。他场上球风凶狠，场下却幽默搞笑。

2010年汤姆斯杯半决赛，中国队迎战东道主马来西亚队，林丹最终以21：17和21：8完胜对手。当赢得整场比赛胜利时，他用独特的庆祝方式宣泄着激情。握拳，单臂上举，接着是出人意料的一幕：林丹一改此前敬军礼的招牌动作，竟然脱下上衣，跳起了霹雳舞。跳舞可以，为什么要把上衣脱去呢？林丹幽默地说："2004年汤姆斯杯战胜盖德之后，我也是在场上脱掉了上衣，那时我21岁。今年我27岁，现在再脱

去，想比较一下27岁的我和21岁的我的腹肌有没有改变。"

在面对记者刁钻的问题时，林丹表现出来的幽默与机智常常令人刮目相看，下面撷取一些他在答记者问时的妙语智言。

记者："为何每场都要上？"

林丹："因为我还很小嘛，所以教练组安排我多锻炼一下。"

记者："为何这次既没有脱衣也没有跳舞，只是向现场观众鞠躬致敬？"

林丹："中午吃饭太多，腹肌不好看，还是不脱了吧！"

记者："为什么很多人觉得你很难接触啊？"

林丹："不熟呗！我是慢热型的，但是我很能侃，大小球员都喜欢我。其实我真的人缘蛮好，每次吃饭我都买单，所以他们都夸我长得像周杰伦，哈哈！"

记者："谁是你最强的对手？"

林丹报出一串人名："像李宗伟、盖德、朴成焕，都是我的对手，还有我的队友陈金、鲍春来。"他还幽默地提醒记者："翻一页记，恐怕你记不下。"

比起媒体尖锐的问题来，普通球迷朴实直接的问题，更能让人感到林丹的可爱。一位老球迷当众向林丹抛出这样一个问题："得一次世界冠军能有多少奖金？"这让主办方惊出一身汗。没想到林丹回答说："大概不够买一辆丰田车的驱动吧！"一语既出，博得满堂彩。

幽默是机智才能的体现，是优雅而乐观的生活态度，巧妙幽默的言语可以使自己在人际交往中立于不败之地，将尴尬的氛围巧妙地化解，将所有的危机都以欢笑带过。

 **知识频道**

彗星和地球相撞的可能性极小,但并非没有可能。一般平均约八百万年才会有一颗彗星与地球相撞。估计至今已有五百六十多颗彗星与地球相撞,不过我们的地球依然存在,并且充满生机。

向人们质疑,就是求智之道;自己在内心思索道理,就是启发智慧之本。

——贝原益轩

意大利面,法国菜

王小峰

也许,此时此刻的美食家陈晓卿老师正在构思一篇新的美食文章《意大利面,法国菜》。然后,他从大脑里发出的电波划破夜空,像一个馋嘴的幽灵,在北京,哦不,在贵国的上空扫描着。他希望能找到一家可口的意大利面馆和法国菜馆,以摆脱自己历来吃西餐只进麦当劳和吉野家的习惯。因为,在西方美食界,意大利面和法国菜都是标志性饭菜,相当于北京的炸酱面和川菜的知名度及文化含量。如今,意大利面了,法国菜了,陈老师正好借题发挥。

"面"、"菜"本是食物界词语,但是北京人给这两个字赋予了新的意思,"面"是望文生义,形容一个人懦弱、胆小或不敢承担责任,因为一个面团看上去、摸起来都软塌塌的,"面"的新含义就是这么来的。比如:"你这人真够面的,他又不会吃了你,你干吗不制止他?"

而"菜"也是形容人的能力懦弱、被动、愚笨。最有名的一个词叫"菜鸟",估计这个词的引申义来自"配菜"、"菜色"、"案板上被切剁的东西"。一个形容憔悴且成不了主角的人,那确实够菜的。

用"面"来形容意大利队,用"菜"来形容法国队,太登对了,简直是绝配。都是世界冠军,把球踢成了这个样子,估计他们都是意大利面和法国菜吃多了。至于朝鲜队,我觉得就是朝鲜泡菜。"泡"这个词也很形象,把一个东西放进一个容器中,任人搅拌,过了一段时间拿出来,就可以用满嘴的葡萄牙咬碎吃掉了。

语言所能表现的深意总令人惊奇,一个词语往往包括多种含义,而巧妙的组合更能带来另一种全新的解释,再令人忍俊不禁之时又能品味出其中蕴含的意韵。

星云的形状很不规则,可以说是千姿百态。有些星云呈弥漫状,没有明显的边界,天文学家称之为弥漫星云。有的星云好似一个圆盘或圆环,发出淡淡的光,很像一个大行星,天文学家称其为行星状星云。

智慧总是强于力量。

——费得鲁斯

忠言顺耳利于行

李广凤

有一语今人常乐道：古人老古话不老。比如那句"忠言逆耳利于行"，就被我辈贯彻得不打半点折扣。逆耳，成了忠言的标签。

其实，从古至今，逆耳忠言的市场向来很疲软。它就像传说中黄河壶口瀑布中每年逆流而上的无数鲤鱼，真能成龙的，不过72尾。

"一味强聒"的忠言，为啥"终必不蒙见察"？全因了己方的语言发射频率太过强大，超出了对方频道的接收能力。

面对孟子咄咄逼人的忠告，有量的齐宣王"顾左右言其他"；中期就没这等好命，他向秦王进言，寸土不让，惹得秦王老不高兴，若非有人从中回护，说中期幸亏生于明君时代才敢如此直言，他很有可能性命不保。

语言交流，必须是双向的互动。就你有一部可视电话有啥用，对方没有还是没办法跟你对等沟通。即便你的忠言可昭日月，也得像一条宽敞的高速公路，给他人足够的回旋余地，而不应像一条逼仄的小径，直抵他人的家门。

一旦对方被你挤兑得退无可退时，难免会秉持"芝兰当道，不得不锄"的原则，除你而后快。田丰献计策被杀，沮授出忠言遭禁，皆缘于此。

要想让对方接纳你的忠言，一定要发射出让对方能接收的频率才行。刘邦率军入秦宫后，见美女、珠宝不计其数，忍不住想据为己有。樊哙直谏道："沛公欲有天下邪，将欲为富家翁邪？"刘邦听了很不高兴。见此情形，张良对刘邦说："秦为无道，故沛公得至此，夫为天下除残贼，宜缟（gǎo）素为资。今始入秦，即安其乐，此所谓'助桀为虐'。"刘邦听而从之。

逆耳的忠言如裸奔，难免会被拒绝的荆棘所剐伤。即便忠言是味良药，可一旦苦口到让人难以下咽时，与病也无补，唯有包上顺耳的糖衣，佐以"春风化雨"之水冲服，两两相宜。

忠言诚可贵，顺耳价更高。忠言一旦顺耳，自然让人"耳顺"，最利于行。

智慧箴言

忠言总有被拒绝的风险，与其强硬得有如梗在心头的刺，迫人接受，不如换一种说话的方式，顺耳地说出，这样人们乐于听从才能实现忠言的作用，只有为人所接受，才能不让忠言埋没于沙土之中。

> 智慧就在于不为狂热所动,不被常识所驱;当假象惑众时,自己虽然身在其中却不受欺骗。
>
> ——阿米尔

中国俗语的理工科解释

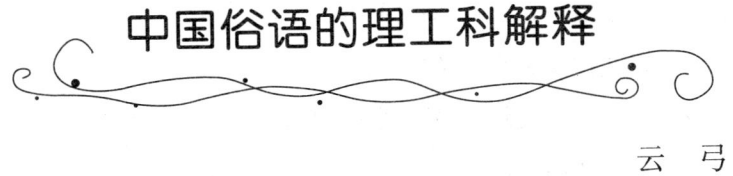

云 弓

随着中国的日渐崛起,美国各主要大学几乎都开设了中文选修课,麻省理工学院也不例外。在结束了30课时的学习后,一位中文教授对这些高材生们进行了一次口语问答测试,以下是现场实录。

教授:大家的课程都已经进行一段时间了,我想在座的除了极个别的人需要非常精深的中文知识以外,大多数人只需要简单的口语就足够了,因此今天我想将一些中国人常用的俗语介绍给大家,不少人应该能知道它们的准确答案,所以谁要是知道就请主动站起来为大家解释一下,明白了吗?

学生:OK!

教授:应该说"明白了"。

学生:O……明白了。

教授:第一题:言多必失。

学生某:这个词的意思是,盐通常是一种固体粉末,溶于水,当盐长时间暴露在空气中就会吸收空气中大量的水分,使盐结块,所以,盐多必湿。

教授:第二题:沉默是金。

学生某:金是一种难溶于水的金属,密度大于水,所以把金放入水里后，金会沉没。在古代，曾有一位伟大的科学家阿基米德就作过把金冠放到水里的试验，我想聪明的中国人也一定尝试过。

教授：问题三：半斤八两。

众学生：什么？

教授：我提示一下，这句话的意思是，半斤和八两是相等的。

学生某：这涉及到引力的概念，我想在牛顿之前中国人不可能掌握这样的知识，地球上八两重的东西，也许在某个行星上就是半斤，也就是五两，不过我还没有来得及推算是哪颗行星。

教授：我对大家的想象力感到无比惊讶。

学生某：这句话的意思应该是……

教授：NO，这不是我要提的问题，好吧我们继续，关于正确答案我等会儿再说。问题四：饱汉不知饿汉饥。

学生某：一个人如果非常饥饿，他就会出现低血糖，典型的症状就是心慌、大汗，这就是饿汗。但如果你吃得太多就会引起胃扩张，这时人也会出现大汗，这就是饱汗。饿汗是没办法的事，而饱汗则是不明智的。

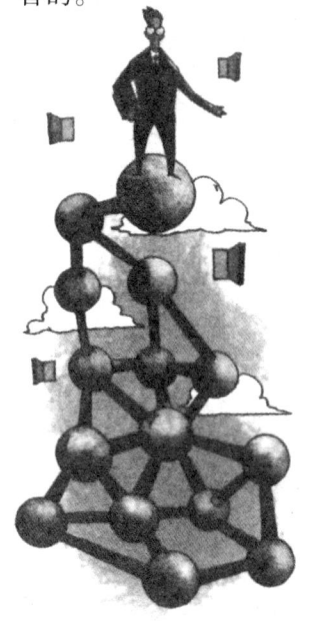

教授：我的鼻子都快气歪了。

学生某：教授，鼻子歪了我想应该是面部神经麻痹，不不，可能是麻风，抱歉我不是学医的。

教授：行了，不说了，换个话题。应该是第五题了吧：比上不足，比下有余。

学生某：教授，这是人体力学问题，因为我们握笔的姿势总是手指靠近笔的末端，所以笔的上端比较短，下端比较长，比如钢笔。但中国人自古就用毛笔，他们恰恰相反，"笔上不足，笔下有余"。

教授：诸位，请你们不要总在自己的知

识圈子里绕来绕去，要知道，这些都是普通中国民众的日常用语，他们没有你们那么多的专业知识，所以，请从中国人的日常生活来理解他们的话，而别用你们的专业知识理解，明白吗？

众学生：明白。

教授：好了，现在最后一题：不怕一万，就怕万一。

学生某：教授，你的提示非常重要，我们应该首先了解中国人的生活，然后才能了解他们的语言。不怕一万，就怕万一，很显然，这跟打麻将有关，一万是麻将中的一张牌，没什么可怕的，怕就怕你打了张"万一"，那你肯定是出老千了。

教授：完全错误，这是一个关于概率的问题，万一是指万分之一的概率……

众学生：先生，概率论的提出是很晚的事情，中国的百姓不会这么专业的。

教授：……

学生某：教授，您出汗了，您这是饱汗还是饿汗？

教授：NO，我这只是急了。

众学生：这是"饿汗急"了。

在生活中，人们常常只会站在自己的角度上用自己的眼光解释看到的问题，想当然地进行理解，而不能跳出自己惯性思维的局限，错失了真实的原因和结果。因此，考虑问题时，要学会跳出自己的思维定式，站在不同的立场上全面地思考，以便看到事情的真相。

> 如果你的舌头变成刀子,就会割破你的嘴唇。
>
> ——西方谚语

孙红雷:幽默"潜伏"在严肃的外表下

孙红雷很红,红得发紫。最近,在著名导演张艺谋的邀请下,他与小沈阳一起参演张艺谋的第一部古装喜剧片。戏未开拍,孙红雷就大声喊出了"我搞笑不输小沈阳"的豪言,因此他成了这部戏中幽默的第一主角。其实,生活中的孙红雷,本来就是一个幽默风趣的人,只是他让自己的幽默一直"潜伏"在严肃的外表下。

就说我的戏好呗

在演完《大工匠》后,有记者采访孙红雷,问:"你认为自己和刘佩琦谁的戏演得好?"

孙红雷一脸坏笑地问:"你喜欢谁呢?"

记者笑着说:"今天就你来了,当然喜欢你。"

孙红雷附和道:"刘佩琦在牡丹江拍戏呢,估计就算骑马也得后天才能到,反正他也来不了了,那我就说我的戏好呗。"

岂不是一罐午餐肉

2005年7月,由孙红雷和陆毅联袂主演的电影《七剑》马上就要公映了。他和陆毅一起奔赴成都,在见面会上,孙红雷和陆毅这对老搭档开始互相开涮。孙红雷以老搭档的口气指着陆毅的脑壳说:"哎呀,我从来没见过陆毅这么土!"

陆毅也顺水推舟地自嘲:"嘿嘿!就是,因为我戴了顶帽子,还被笑是叉烧包!"

话音刚落,誓要搞晕全场的孙红雷迅速接道:"那我没有戴帽子,岂不是一罐午餐肉?"全场顿时爆笑。

优势和劣势

2007年年初,由孙红雷和葛优搭档的电影《红美丽》马上就要公映了。

在影迷见面会上,孙红雷和葛优一露面,就成为媒体争相采访的焦点。记者间接地抛出了一些刁钻的问题:"您认为您跟葛优先生各自的优势和劣势是什么?"

孙红雷很巧妙地回答说:"葛优的优势是他的眼睛比我大一点,我的劣势是眼睛比他小一点。"

谈感情谁都不平静

2008年10月,孙红雷被兰州理工大学请去参加《艺海艺术讲坛》大学生见面会。在见面会上,有学生问他一个关于大学生该不该谈恋爱的问题,他笑着说:"张爱玲有句话说得好,'大学生应该谈恋爱',我十分赞成!"谈这个话题的时候,因为天气太热,他满脸是汗。于是他擦了擦汗,打趣说:"让我先擦擦汗再说吧,谈感情的时候谁也平静不了。"

由我杀掉所有人

最近,孙红雷成为张艺谋一部新片的主角。一次记者会上,有记者不停地套孙红雷的话。在记者的苦苦逼问下,孙红雷终于答应介绍一下自己在这部片子中出演的角色和内容,他恰如其分又十分风趣地说:"我在这部惊悚喜剧片中出演的角色是一个侠客,内容就是由我来杀掉所有人。"台下笑声一片。

不给我只好挺着

2009年6月12日,电视节闭幕式和"白玉兰"颁奖晚会在上海东方电视台剧场举行。孙红雷凭借在《潜伏》中的出色表演夺得了最佳男演员奖。他接过奖杯的时候风趣地说:"获奖是对我的鼓励,我会老老实实地接受一切。表演对我来说是最重要的,对我来说'戏'大于天,给我奖我当然高兴,不给我只好挺着。"现场响起一阵笑声。

幽默是一种机智风趣的表现,在谈笑之间彰显个人魅力,在笑语连珠中显现智慧和乐观,巧妙地跳脱自己的维谷,将寂寞驱逐,给他人带来一片欢笑。

图书在版编目（CIP）数据

让你的口才更出众/崔钟雷主编. —长春：吉林美术出版社，2011.5
（新概念阅读书坊. 小学生智慧训练营）
ISBN 978-7-5386-5456-1

Ⅰ. ①让… Ⅱ. ①崔… Ⅲ. ①口才学 – 少年读物 Ⅳ. ①H019-49

中国版本图书馆 CIP 数据核字（2011）第 064776 号

书　　　名：	让你的口才更出众
策　　　划	钟　雷
主　　　编	崔钟雷
副 主 编	刘亚男　刘璐妮
出 版 人	石志刚
责任编辑	栾　云
开　　　本	787mm×1092mm　1/16
字　　　数	120 千字
印　　　张	15
版　　　次	2012 年 1 月第 2 版
印　　　次	2017 年 8 月第 4 次印刷
出　　　版	吉林出版集团 吉林美术出版社
发　　　行	吉林美术出版社图书经理部
地　　　址	长春市人民大街 4646 号 邮编：130021
电　　　话	图书经理部：0431-86037896
网　　　址	www.jlmspress.com
印　　　刷	北京海德伟业印务有限公司

ISBN 978-7-5386-5456-1　　　定价：29.80 元

敬　启

　　本书的编选参阅了一些报刊和著作,由于多种原因我们未能与部分入选文章作者(或译者)取得联系,在此深表歉意。敬请原作者(或译者)见到本书后,及时与我们联系,我们将按国家有关规定支付稿酬并赠送样书。

联系方式

公司名称:黑龙江省同源文化发展有限公司

地　　址:黑龙江省哈尔滨市香坊区汉水路110号

电　　话:0451-55174988

邮　　编:150090

联系人:吴晶